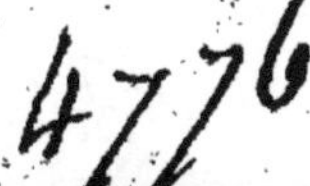

NOUVEAU

CODE

DES

FEMMES

OU

ANALYSE COMPLÈTE ET RAISONNÉE
DE TOUTES LES DISPOSITIONS LÉGISLATIVES QUI RÈGLENT
LES DROITS ET DEVOIRS DE LA FEMME DANS LES
DIFFÉRENTES POSITIONS DE LA VIE.

PAR M. CARRÉ.

*

2ᵉ Édition.

*

PARIS

J.-P. RORET, LIBRAIRE,
ÉDITEUR DES ŒUVRES DE MERLIN,
QUAI DES AUGUSTINS,
N. 17 BIS.

1828

IMP. DE J. TASTU.

NOUVEAU CODE

DES FEMMES.

IMPRIMERIE DE J. TASTU,
Rue de Vaugirard, n 36.

NOUVEAU CODE

DES FEMMES

ou

ANALYSE COMPLÈTE ET RAISONNÉE DE TOUTES LES DISPOSITIONS
LÉGISLATIVES QUI RÈGLENT LES DROITS ET DEVOIRS
DE LA FEMME DANS LES DIFFÉRENTES
POSITIONS DE LA VIE.

PAR M. CARRÉ.

*

2e ÉDITION.

*

PARIS

J.-P. RORET, LIBRAIRE,
ÉDITEUR DES OEUVRES COMPLÈTES DE MERLIN,
QUAI DES AUGUSTINS, N° 17 BIS.

1828

PRÉFACE.

FÉNÉLON, dans son ouvrage sur l'Édu-cation des Filles, après avoir énuméré les connaissances nécessaires aux femmes pour bien remplir leurs devoirs d'épouses et de mères, ajoute « qu'elles devraient » encore savoir les quatre règles de l'arith- » métique, et qu'il serait bon aussi de les » instruire des principales dispositions du » droit. »

Le premier de ces vœux a été depuis long-temps rempli, et de nos jours la femme du plus modeste artisan rougirait d'ignorer les notions élémentaires qui manquaient aux dames de haut parage, à qui Fénélon adressait son livre.

Quant aux principes du droit, les femmes ne sont pas plus éclairées aujourd'hui qu'elles ne l'étaient de son temps. Et cependant n'ont-elles point chaque jour occasion de sentir les fâcheux inconvéniens de cette ignorance ?

Pendant sa minorité, la femme trouve sans doute dans ses père et mère, ou dans le tuteur qui lui est donné par sa famille, de zélés défenseurs de ses intérêts ; mais dans l'intervalle qui peut s'écouler entre sa majorité et son mariage, plus tard, si elle reste veuve, n'est-elle pas appelée à régir et administrer par elle-même ses biens et ceux de ses enfans ?

Lorsqu'en s'engageant dans les liens du mariage, elle abandonne à son mari le soin de sa fortune pour se livrer tout entière aux occupations domestiques, ne lui est-il pas nécessaire de connaître quels sont, dans cette nouvelle position, ses droits et ses devoirs, et surtout d'apprécier les conséquences des obligations que la faiblesse ou une imprudente légèreté pourrait lui faire contracter à la sollicitation de son mari?

D'un autre côté, l'étendue de nos Codes, la diversité des matières qu'ils renferment, les mots techniques dont ils sont hérissés, l'obscurité, résultat inévitable d'une rédaction concise, en interdisent la lecture à un sexe étranger, par son éducation et ses habitudes, à des études sérieuses et abstraites.

Nous avons donc cru lui rendre un véritable service en choisissant, parmi les dispositions si multipliées de notre législation, celles qui intéressent spécialement les femmes; en les classant dans un ordre méthodique et clair; en les dépouillant, pour les rendre intelligibles, de toute forme scientifique; en les expliquant par le rapprochement des considérations d'utilité ou de justice qui les ont dictées.

Nous avons suivi la femme pas à pas dans toutes les positions où elle est appelée à se trouver ; nous lui avons exposé d'abord quels étaient ses droits en général, comment ils étaient modifiés et suspendus pendant sa minorité ; lorsqu'elle a atteint l'âge de contracter mariage, nous avons placé sous ses yeux les divers systèmes que les époux peuvent adopter pour leurs conventions matrimoniales, les inconvéniens et les avantages de chacun d'eux ; pendant le mariage, nous lui avons dit quels étaient ses droits et ses obligations ; lorsqu'il a été dissous, quelles sont les conséquences de cette dissolution, comment elle redevient alors, ainsi qu'avant son mariage, maîtresse absolue de sa personne et de sa fortune.

Mais il ne suffisait pas de dire à la femme

dans quels cas elle avait la disposition et l'administration de ses biens; s'il lui importait de connaître quels droits lui sont accordés par la loi, il lui importait plus encore d'être éclairée sur la manière de les exercer. Nous avons jugé utile et convenable de réunir, dans un chapitre particulier, des notions générales sur les actes que la femme, chargée de régir ses biens et ceux de ses enfans, aura le plus souvent occasion de faire, tels que la vente, les baux, les procurations, les prêts sur hypothèques, etc., etc.; et, à cet égard, nous ne nous sommes point bornés à analyser les dispositions du Code civil; nous avons ajouté quelques conseils-pratiques sur la forme qu'il convient d'adopter de préférence pour certains actes; sur les clauses et stipulations particulières qu'il est à propos d'insérer dans certains autres.

Le droit commercial modifie à beaucoup

d'égards les dispositions du droit civil relatives aux femmes ; il établit des règles particulières pour celles qui exercent personnellement le commerce, ou qui sont mariées à des négocians. Ces femmes n'ont pas moins d'intérêt que toutes les autres à avoir des notions claires et précises sur l'étendue de leurs droits et de leurs obligations ; leur position doit même leur en faire plus souvent apprécier l'importance et sentir le besoin. Elles trouveront, dans le chapitre VI, l'analyse des dispositions du Code de commerce qui les concernent. Plusieurs de ces dispositions leur paraîtront sans doute d'une rigueur excessive : nous n'avons point cru inutile de leur faire connaître les considérations qui justifient, ou au moins qui expliquent l'extrême sévérité du législateur.

La femme d'un écrivain, d'un compositeur, d'un peintre distingué est associée à la gloire de son mari et partage son existence brillante. Mais souvent l'imprévoyance si fréquente chez les hommes de lettres et les artistes, qu'on est tenté de la considérer comme une conséquence nécessaire de leur talent, ne laisse à leur veuve d'autre patrimoine que le droit de porter un nom illustré par de nombreux succès.

Une loi, aussi juste que bienveillante, a accordé aux veuves des auteurs la jouissance des droits qui appartiennent aux auteurs eux-mêmes sur leurs ouvrages; ce qu'on désigne par l'expression commune, mais impropre, de propriété littéraire. Nous avons fait connaître les principaux articles de cette loi.

Un dernier chapitre contient des réflexions générales sur le caractère et l'esprit de notre législation à l'égard des femmes; un parallèle entre les lois et les mœurs actuelles, et les lois et les mœurs de l'ancien régime, convaincra peut-être nos lectrices que les regrets donnés au temps passé et les accusations si souvent répétées contre le temps présent sont dénués de fondement et de justice.

S'il était impossible que cet ouvrage leur offrît le plaisir et l'intérêt qu'elles cherchent dans leurs lectures ordinaires, au moins nous devions nous appliquer à ce qu'elles pussent le lire sans fatigue et le comprendre sans efforts. Cette tâche présentait des difficultés de plus d'un genre : sans parler de l'obscurité naturelle du sujet, on sait que la langue de la jurisprudence est un idiome à part, dont les hommes initiés aux mystères de la science ont seuls l'intelligence.

Forcés de parler à nos lectrices cette langue étrangère pour elles, afin de ne pas surcharger le texte de notre ouvrage de notes et d'explications, nous avons placé à la fin un vocabulaire, où elles trouveront l'explication non-seulement de tous les termes de jurisprudence qui se rencontrent dans ce livre, mais encore de tous ceux dont l'usage est le plus fréquent, et qu'à ce titre, il est plus nécessaire pour elles de connaître.

Le désir d'être utiles aux femmes, qui a seul inspiré cet ouvrage, nous engage à leur adresser ici un conseil. Que l'instruction nécessairement superficielle qu'elles puiseront dans ce livre, ne leur inspire point une présomption et une confiance plus dangereuse peut-être qu'une ignorance complète. Qu'elles ne prétendent pas juger par elles-mêmes, d'après ces notions insuffisantes, des questions difficiles, et s'entêter inconsidérément sur des procès dont les suites pourraient leur être si funestes. Qu'elles songent, comme le disait Fénélon, aux subtilités de la procédure, aux frais immenses qu'elles attirent, à la misère de

ceux qui plaident, à l'industrie des avocats,
des procureurs, pour s'enrichir bientôt en
appauvrissant les parties. Qu'elles ne se dé-
cident donc à avoir recours aux tribunaux
qu'à la dernière extrémité, et qu'auparavant
elles prennent l'avis d'un conseil probe et
éclairé. Qu'elles ne négligent jamais cette
précaution toutes les fois qu'elles ont à conclure une affaire importante, et à signer
un acte qui peut avoir de graves résultats
pour leur fortune. Mais qu'elles ne s'adres-
sent point à ces hommes connus sous le nom
d'*agens d'affaires*, qui le plus souvent ne
présentent aucun titre à la confiance publique. Qu'elles aient recours à un avocat, à
un notaire, à un avoué, dont la position
sociale garantit les lumières et l'intégrité.

Cependant, dans des transactions d'un
intérêt très-minime, lorsque la femme ne se
trouvera point à portée de prendre l'avis de
son conseil ordinaire, elle pourra consulter

les formules qu'elle trouvera à la fin de ce traité : nous y avons placé les modèles des actes les plus usuels qu'il est permis de faire sous seing-privé.

CODE

DES FEMMES.

CHAPITRE Ier.

DE LA FEMME NON MARIÉE.

Les femmes jouissent en France de la plénitude des droits civils. À cet égard nos lois n'établissent entre elles et les hommes aucune différence ; comme les hommes, elles n'ont pas le libre exercice de ces droits tant qu'elles sont mineures.

Pendant leur minorité elles sont soumises à l'autorité de leurs père et mère (Code civil, art. 372 *), et à défaut de père et mère, elles sont confiées à un tuteur chargé de prendre soin de leur personne et d'administrer leurs biens (405).

* On a indiqué le numéro des articles du Code civil, du Code de commerce et du Code de procédure, dont les dispositions sont citées dans le cours de l'ouvrage. On trouvera le texte de ces articles imprimé à la fin du volume.

Elles peuvent être émancipées par leurs père et
mère à quinze ans, et à dix-huit ans par un conseil de famille * (477). Dans ce cas, elles reçoivent
leurs revenus, en donnent quittance, et font généralement tous les actes de pure administration ;
mais il leur est donné un *curateur*, sans l'assistance duquel elles ne peuvent passer de baux
dont la durée excède neuf ans (481), intenter
un procès relatif à un immeuble, ou défendre à
celui qui serait intenté contre elles ; recevoir le
remboursement et donner quittance d'un capital.
Il leur est même interdit de faire aucun emprunt
sans l'autorisation expresse du conseil de famille
approuvée par le tribunal (483).

Si elles abusaient des droits qui leur sont accordés, on pourrait les en priver, et les replacer dans
leur première incapacité (484, 485).

La majorité est fixée, pour les femmes comme
pour les hommes, à vingt-un ans accomplis. A cet âge,
elles sont maîtresses absolues de leur personne et
de leurs biens ; elles sont capables de tous les actes
de la vie civile ; elles peuvent faire toute espèce
de contrats, vendre, acquérir, donner ou recevoir
par donations entre-vifs ou par testamens ; louer,
affermer, emprunter, hypothéquer, plaider, tran-
siger, donner ou recevoir des procurations. Cette

* Nous recommandons, une fois pour toutes, à nos lectrices, de consulter le *Vocabulaire* pour tous les mots dont
la signification ne leur sera pas bien connue.

liberté n'est restreinte qu'à l'égard du mariage, ainsi qu'on le verra dans le chapitre suivant (488).

Par une faveur spécialement accordée à leur sexe, elles ne sont point soumises à la contrainte par corps, si ce n'est pour amende et restitution, en matière de délit (52 du Code pénal), en matière civile pour stellionat (2066), enfin pour dettes et obligations commerciales.

Les femmes sont exclues de toute participation aux droits politiques, et ne peuvent exercer aucune fonction publique[*]. Par une sorte de réciprocité, elles sont exemptes de toute charge personnelle envers l'état.

Elles ne peuvent être témoins ni dans les actes de l'état civil (37), ni dans les testamens (980), ni dans les autres actes notariés, parce que, dans ce cas, les témoins participent aux fonctions publiques du notaire. Au contraire, elles peuvent déposer devant les tribunaux soit criminels, soit civils, parce que souvent leur témoignage ne pourrait être suppléé, et que d'ailleurs, en éclairant la justice, elles n'exercent point un office public.

Si la femme possède par elle-même tous les droits civils, elle passe ordinairement la plus grande partie, quelquefois même la totalité de sa vie sans en avoir le libre usage. Souvent, en effet, avant

* Il n'en a pas toujours été ainsi; il y a eu jadis des femmes pairs du royaume; il y a maintenant encore une exception à ce principe pour le cas de régence.

d'avoir atteint l'époque de sa majorité et commencé à jouir de ces droits, elle entre dans l'état de mariage, qui les modifie et en suspend l'exercice; mais, lorsque la dissolution du mariage l'affranchit de la puissance maritale, elle les recouvre dans leur entier, et c'est plus particulièrement dans ce dernier cas que les femmes forcées d'administrer seules leur fortune et celle de leurs enfans mineurs, ont besoin de posséder des notions élémentaires sur les lois civiles de leur pays, de connaître les règles et les conséquences des actes qu'elles ont chaque jour occasion de signer. Ne voit-on pas dans le monde la plupart des femmes veuves, par suite de l'ignorance dans laquelle elles se sont volontairement complues, condamnées à demeurer complètement étrangères à leurs propres affaires, à abandonner en quelque sorte leurs biens à la discrétion d'un intendant, ou à se mettre sous la tutelle d'un avoué ou d'un notaire?

Nous tâcherons de leur offrir, dans le cours de cet ouvrage, les moyens de s'affranchir d'une si fâcheuse nécessité, et de les mettre en état sinon de se passer de conseils, du moins d'apprécier par elles-mêmes ceux qui leur seront donnés.

Nous traiterons dans les chapitres suivans du mariage, des nombreuses et importantes modifications qu'il apporte aux droits de la femme, des droits nouveaux qu'il lui confère, soit pendant sa durée, soit après sa dissolution.

CHAPITRE II.

QUALITÉS ET CONDITIONS REQUISES POUR QUE LA FEMME PUISSE CONTRACTER MARIAGE. — DE L'AGE. — DU CONSENTEMENT DES PARENS. — PROHIBITIONS FONDÉES SUR LA PARENTÉ.

Autrefois la femme pouvait contracter mariage à douze ans. Sous notre législation actuelle, elle ne peut se marier avant quinze ans révolus (144). Ce qui prouve la sagesse de cette innovation, c'est qu'avant la révolution on était souvent obligé de renvoyer les jeunes mariées passer plusieurs années à leur couvent, avant d'entrer en ménage. Le gouvernement cependant peut, pour des causes graves, accorder des dispenses d'âge (145). Mais, dans la vie commune on a rarement besoin d'en solliciter. Il n'est guère maintenant que les princes ou les souverains qui, pour former entre eux des alliances sollicitées par la politique, devancent l'âge fixé par le Code civil.

La loi, d'accord avec la nature, interdit le ma-

riage entre la femme, ses ascendans et descendans
légitimes ou naturels, ainsi que ses alliés dans la
même ligne; elle le défend aussi entre la sœur et
ses frères ou beaux-frères. Il existe une semblable
prohibition entre la nièce et l'oncle, le neveu et la
tante (163); mais le gouvernement peut la lever
pour des causes graves (164).

L'adoption établissant des liens de parenté civile,
donne lieu à de nouveaux empêchemens: Ainsi la
femme ne peut épouser son père ou son fils adop-
tif, les descendans de ce dernier, ni le mari de sa
mère ou de sa fille adoptive. Enfin il y a encore
prohibition de mariage entre la femme adoptée et
les enfans naturels ou adoptifs de la personne qui
l'a adoptée (344).

La femme, qui peut se marier à quinze ans, n'a
point encore à cet âge une raison assez sûre, un
jugement assez formé pour se diriger seule dans le
choix qui doit décider du bonheur de sa vie entière. La prévoyance de la loi n'a pas voulu la livrer sans défense à la vivacité de ses penchans ou
aux artifices de la séduction (348).

Ainsi, jusqu'à l'âge de vingt-un ans, elle doit
obtenir le consentement de ses père et mère; en
cas de dissentiment, l'avis du père l'emporte; si
l'un des deux est mort, ou dans l'impossibilité légale * de manifester sa volonté, le consentement

---

* C'est-à-dire en cas d'absence présumée ou déclarée, de

de l'autre lui suffit (148, 149). Si la femme a perdu ses père et mère, ou s'ils ne peuvent manifester leur volonté, elle doit s'adresser à ses grand-père et grand'mère; s'il y a dissentiment entre l'aïeul et l'aïeule de la même ligne, l'opinion de l'aïeul est prépondérante; s'il y a dissentiment entre les lignes paternelle et maternelle, ce partage emporte consentement. A défaut d'ascendans, elle doit obtenir le consentement de ses autres parens réunis en conseil de famille (150, 151).

A l'âge de vingt-un ans, la femme est présumée par la loi avoir atteint la plénitude de sa raison ; mais elle n'est pas affranchie pour cela de la déférence et du respect qu'elle doit pendant toute sa vie aux auteurs de ses jours. Ainsi, sans avoir précisément besoin pour se marier du consentement de ses père et mère ou aïeuls, elle doit les consulter, et solliciter leur approbation par des actes respectueux (152).

Ces actes sont notifiés par deux notaires ou par un notaire et deux témoins (154).

Si la femme a moins de vingt-cinq ans, ils doivent être renouvelés trois fois de mois en mois. Le mariage ne peut être célébré qu'un mois après la notification du dernier acte (152).

mort civile ou d'interdiction. (Voyez le *Vocabulaire* pour le sens de chacun de ces mots.)

Après vingt-cinq ans accomplis, il doit être fait, un mois avant la célébration du mariage, un seul acte respectueux (153).

CHAPITRE III.

PUBLICATION DES BANS. — OPPOSITION AU
MARIAGE.

De peur que les enfans ne se marient soit à
l'insu des parens dont ils doivent obtenir ou demander le consentement, soit au mépris des prohibitions que nous venons d'analyser dans le chapitre
précédent, le Code veut qu'avant la célébration
du mariage il soit fait par le maire ou son adjoint, devant la porte de la maison commune, un
jour de dimanche, deux publications à huit jours
d'intervalle (63).

Le mariage ne peut être célébré avant le troisième jour, ni après l'année qui suivra la dernière
de ces publications (65).

Elles doivent être faites à la mairie du lieu où
chacun des futurs époux a son domicile (66). Si
leur domicile actuel n'est établi que par six mois
de résidence, elles doivent en outre être faites à
la municipalité de leur dernier domicile (167).

Elles doivent encore avoir lieu au domicile des parens dont le consentement est nécessaire (168). Le gouvernement peut, pour des causes graves, dispenser de la seconde publication (169).

La publicité donnée à l'avance au mariage eût été superflue, si personne n'avait eu d'action pour empêcher que les conditions et les formalités prescrites par la loi ne fussent éludées ou enfreintes. Mais ce droit devait être limité à certaines personnes et à certains cas.

Il a été d'abord accordé à la femme dont le mari voudrait, au mépris d'un premier engagement, contracter un nouveau mariage. Le mari a dans le même cas un droit semblable contre sa femme (172).

Le père et la mère, les aïeuls et aïeules, peuvent s'opposer au mariage de leur fille ou petite-fille, lorsqu'ils la voient sur le point de contracter des liens honteux ou inconsidérés (173).

A défaut d'ascendans, le frère ou la sœur, l'oncle ou la tante, le cousin ou la cousine germaine, peuvent encore former opposition ; mais comme leur affection n'inspirait pas autant de confiance, ce droit a été restreint pour eux au cas où ils se fondent sur la démence de leur parente ou de son futur époux, et à celui où l'on n'aurait pas obtenu le consentement du conseil de famille requis pour le mariage des mineurs qui n'ont plus d'ascendans (174).

Le tuteur peut encore s'opposer au mariage de sa pupille, mais il doit être autorisé par les parens de la mineure réunis en conseil de famille (175).

Tout acte d'opposition doit énoncer la qualité qui donne à l'opposant le droit de la former et les motifs qu'il allègue. Ceux qui sont faits à la requête des ascendans sont seuls dispensés de cette dernière formalité (176). La loi ne les suppose guidés que par leur tendresse et l'intérêt de leurs enfans. Cependant ils doivent déduire leurs motifs devant les tribunaux qui statuent dans les dix jours sur la main-levée de l'opposition (177). C'est aux magistrats qu'il appartient de prononcer en dernier ressort entre les enfans et les pères ; mais à cet égard la loi ne leur a tracé aucune règle ; elle s'en est rapportée à leur prudence.

Autrefois la plus légère inégalité de fortune et de condition suffisait pour donner aux parens le droit de s'opposer aux mariages les mieux assortis ; mais maintenant de simples différences de rang, de fortune, d'âge, de croyances religieuses ou d'opinions politiques, ne sembleraient pas des considérations assez puissantes pour arrêter le mariage d'une fille majeure. Peu de temps après la Restauration, lorsque l'esprit de parti, dans toute son effervescence, établissait entre les Français une ligne de démarcation si profonde, une antique et noble famille prétendit s'opposer à une alliance qui devait faire entrer dans son sein un homme dont elle ne partageait pas les opinions politiques. Me Dupin soutint avec autant d'esprit que de raison les droits de la jeune fille qui n'adoptait pas les préjugés gothiques et intolérans de sa famille, et la Cour royale de Paris n'hésita pas à rejeter l'opposition des parens.

CHAPITRE IV.

CÉLÉBRATION CIVILE DU MARIAGE.—CÉLÉBRATION
RELIGIEUSE.

Lorsque toutes les formalités préliminaires ont
été remplies, le mariage est célébré *publiquement*
devant l'officier de l'état civil du domicile de l'une
des deux parties (165). Il doit se faire préalablement remettre les actes de naissance des
époux, et, à défaut, un acte de notoriété signé de
sept témoins, constatant leur âge, ainsi que l'acte
authentique du consentement des parens, ou la main-
levée des oppositions, s'il y en a eu (68, 70, 71, 73).

Ensuite, en présence de quatre témoins, il fait
lecture aux parties de ces pièces ainsi que du chapitre du Code civil relatif aux droits et devoirs des
époux; il reçoit de chaque partie la déclaration
qu'elles se prennent pour mari et femme, et prononce, au nom de la loi, qu'elles sont unies par
le mariage. Il en dresse un acte qui doit être signé
de lui, des témoins et des époux (39, 75).

La célébration civile du mariage doit, dans tous les cas, précéder la célébration religieuse. Le Code pénal (199, 200) prononce l'amende, la prison, et même la déportation, contre le ministre du culte qui procéderait aux cérémonies religieuses sans qu'il lui eût été justifié d'un acte de mariage reçu par les officiers de l'état civil.

Il est sans doute convenable d'appeler les bénédictions du ciel sur l'union de l'homme et de la femme. Ces pratiques religieuses, auxquelles l'habitude a conservé parmi nous leur ancienne importance, n'en sont pas moins dans notre législation entièrement indifférentes à la validité du mariage, La célébration civile assure seule l'état des époux et celui des enfans ; nos lois modernes, qui accordent une protection égale à tous les cultes (Charte const. art. 5), n'ont pu conserver des dispositions qui portaient une si grave atteinte à la liberté de conscience.

CHAPITRE V.

NULLITÉS DU MARIAGE.

Le mariage qui aurait été célébré au mépris des prohibitions de la loi et sans les formalités prescrites par elle, pourrait être, selon les cas, déclaré nul.

La première cause de nullité est le défaut de liberté. La femme dont le consentement a été arraché par violence peut attaquer son mariage ; mais son action n'est plus recevable, lorsqu'elle a cohabité avec son époux pendant six mois depuis qu'elle a recouvré sa liberté (181 , 182).

Il y a violence en cas de menaces ou de mauvais traitemens capables de faire impression sur une personne raisonnable.

Pour apprécier la violence, on a égard à l'âge, au sexe, à la condition de celle qui en a été victime.

La violence entraîne la nullité du mariage, non-seulement lorsqu'elle a été exercée sur l'épouse, mais encore lorsqu'elle l'a été sur ses ascendans (1113).

La seule crainte révérentiélle envers le père, la mère ou tout autre ascendant, ne produit pas le même effet (1114).

Ainsi non-seulement une fille peut se soustraire en refusant son consentement à une union qui contrarie ses penchans, mais la loi lui permet encore de faire briser les liens qu'on lui aurait illégalement imposés, en arrachant son assentiment par la contrainte.

Le mariage contracté sans le consentement des père et mère, des ascendans ou du conseil de famille, peut être attaqué par eux s'ils n'ont pas laissé écouler une année sans réclamation depuis qu'ils ont eu connaissance du mariage et par l'époux qui devait obtenir ce consentement, lorsqu'il n'a pas laissé passer une année sans réclamer depuis qu'il a atteint l'âge compétent pour donner par lui-même un consentement valable. Ni les parens, ni l'époux ne sont recevables, lorsque les premiers ont approuvé le mariage expressément ou tacitement (183).

Le mariage contracté au mépris des dispositions relatives à l'âge des parties ou des prohibitions fondées sur la parenté, peut être attaqué soit par les époux eux-mêmes, soit par tous ceux qui y ont intérêt, soit par le procureur du roi (184).

Néanmoins, le mariage qui a uni deux époux avant l'âge prescrit, est à l'abri de toute atteinte, lorsqu'il s'est écoulé six mois depuis que les époux sont parvenus à cet âge, ou que la femme, âgée de moins de quinze ans à l'époque du mariage, a conçu avant l'échéance des six mois (185).

Tout mariage qui n'a point été contracté publiquement et célébré devant l'officier de l'état civil compétent, peut être attaqué par les époux, les père et mère, les ascendans, et par tous ceux qui y ont un intérêt né et actuel, ainsi que par le procureur du roi (191).

Enfin, l'époux qui n'aurait point empêché, en formant opposition, le second mariage de son conjoint, pourrait en demander la nullité (188).

CHAPITRE VI.

DE LA PROFESSION RELIGIEUSE.

Il est un engagement plus rare, mais non moins grave que le mariage ; c'est la profession religieuse.

Un décret du 18 février 1809, qu'aucune loi postérieure n'a abrogé en cette partie, contient des dispositions fort sages, puisqu'elles ont pour but de protéger la femme contre un enthousiasme peu réfléchi et des séductions qui pourraient égarer sa raison encore mal affermie.

Aux termes de ce décret, elle ne peut, avant seize ans accomplis, entrer en religion.

Jusqu'à vingt-un ans elle ne peut faire de vœux que pour une année, et encore elle doit préalablement obtenir le consentement des personnes sans l'agrément desquelles elle ne pourrait se marier.

Ce n'est qu'à vingt et un ans qu'elle peut faire des vœux de cinq années ; ces vœux sont faits en présence de l'évêque ou d'un ecclésiastique désigné par lui, et en présence du maire ou de l'adjoint, qui les consigne sur un registre déposé à la mairie, et dont un double est remis à la supérieure du couvent.

La religieuse qui se refuserait à l'exécution des vœux qu'elle aurait légalement contractés, pourrait-elle y être contrainte ?

Il est fort difficile de répondre à cette question. On peut dire que la loi civile, ne réglant que les rapports de l'homme avec ses semblables, ne doit pas intervenir dans une matière qui a directement trait à la croyance religieuse et aux rapports de l'homme avec Dieu. D'un autre côté, aucune disposition législative n'a déterminé les moyens coercitifs dont on devrait faire usage; et, comme la contrainte par corps n'a lieu que dans les cas déterminés par la loi, il semble qu'on ne pourrait l'employer contre la religieuse rebelle.

La femme religieuse n'est pas comme autrefois exclue des successions qui s'ouvrent à son profit; elle conserve la propriété et l'administration de sa fortune : mais, aux termes de l'art. 5 de la loi du 24 mai 1825, elle ne peut disposer par donation entre-vifs ou par testament, soit en faveur de l'établissement dont elle fait partie, soit au profit de l'un des membres de cet établissement, au-delà du quart de ses biens, à moins que le don ou legs n'excède pas la somme de dix mille francs.

Cette prohibition ne s'applique pas au cas où

une religieuse disposerait au profit de sa fille ou de sa petite-fille engagée dans la même communauté.

Aucune donation ne pourrait être faite à un établissement dont l'existence n'aurait point été légalement autorisée.

CHAPITRE VII.

DU CONTRAT DE MARIAGE. — DE SON UTILITÉ.
— DE SES EFFETS.

De tous les contrats par lesquels une femme peut s'engager, son contrat de mariage est, sans contredit, le plus important : en même temps que le choix d'un époux doit déterminer le rang qu'elle occupera dans le monde, le nom qu'elle y portera, son contrat de mariage fixe l'état de sa fortune, assure ou compromet son avenir et celui de ses enfans.

Il est donc pour les femmes du plus haut intérêt d'apporter la plus scrupuleuse attention à leurs conventions matrimoniales, d'en connaître toutes les conséquences. Elles doivent toutes avoir une idée exacte des dispositions de la loi sur une matière qui les touche de si près ; l'aridité du sujet ne doit point les décourager. Nous nous efforcerons de leur présenter dans les chapitres suivans une analyse rapide des principes du Code civil relatifs au

contrat de mariage, dans laquelle nous nous atta-
cherons à ne rien dire d'inutile, et à ne rien
omettre d'important.

La femme doit, dans tous les cas, faire un contrat.
Si sa fortune présente est modique, elle ne doit pas
pour cela négliger de la constater et de se préparer
ainsi les moyens de la reprendre lors de la dissolution du mariage. D'ailleurs des successions inat-
tendues, des libéralités inespérées, peuvent lui ar-
river par la suite. Il est donc utile de régler d'a-
vance le sort des biens qu'elle se trouverait ainsi
posséder.

Si une fois elle s'était mariée sans faire un contrat,
cette omission ne saurait être réparée ; car, pour
être valable, il doit être rédigé avant le mariage et
par acte notarié (1394). Il ne peut, après la célébration, recevoir aucune espèce de modification (1395). Il est à la vérité permis d'y faire des
changemens ou additions avant que le mariage ne
soit célébré, mais ils doivent avoir lieu en présence et du consentement simultané de toutes les
parties (1396). Et encore, dans ce cas, ils n'ont
d'effet à l'égard des tiers que lorsqu'ils ont été
rédigés par le notaire à la suite de la minute du
premier contrat (1397).

La femme peut prendre toutes les précautions
qui lui semblent nécessaires pour la conservation
de sa fortune personnelle, car la loi ne régit l'association conjugale qu'à défaut de conventions

spéciales, et les époux peuvent faire toutes celles qu'ils jugent à propos, pourvu qu'elles ne soient pas contraires aux bonnes mœurs (1388). Ils peuvent cependant déclarer d'une manière générale qu'ils veulent se marier ou sous le régime de la communauté, ou sous le régime dotal; et dans l'un et dans l'autre de ces cas, la loi règle quels sont leurs droits et leurs obligations respectives. Mais, tout en adoptant le système de la communauté, les époux y apportent souvent des modifications plus ou moins graves. La loi a pris soin de régler les effets de celles qui sont le plus usitées. La communauté ainsi modifiée prend le nom de communauté conventionnelle, tandis que la communauté, telle qu'elle est établie par la loi elle-même, s'appelle communauté légale.

Le chapitre suivant contiendra, dans quatre paragraphes distincts, l'exposition des règles relatives,

Au régime de la communauté légale;

Au régime de la communauté conventionnelle;

Au régime exclusif de la communauté;

Au régime dotal.

CHAPITRE VIII.

CONVENTIONS MATRIMONIALES. — COMMUNAUTÉ LÉGALE ET CONVENTIONNELLE. — STIPULATIONS EXCLUSIVES DE LA COMMUNAUTÉ. — RÉGIME DOTAL.

Nous devons d'abord apprendre à nos lectrices ce que la loi entend par communauté. C'est une association de biens formée entre ceux qui s'unissent par le mariage, dont l'effet est de confondre à certains égards au moins leurs fortunes respectives; de leur attribuer une part égale dans les gains et bénéfices qui seront le fruit de leurs travaux et de leur industrie commune ; enfin de rendre les avantages et les revers de la fortune communs entre ceux qui n'ont qu'un même nom, un même rang, une même demeure.

La communauté légale ou conventionnelle commence du jour de la célébration du mariage. On ne peut stipuler qu'elle commencera à une autre époque (1399).

§ I. *Communauté légale.*

La communauté légale s'établit de plein droit entre les époux à défaut de contrat, ou par la simple déclaration contenue dans le contrat, qu'ils entendent se marier sous le régime de la communauté.

Nous allons d'abord indiquer quels sont les biens dont se compose la communauté.

La communauté légale comprend tout le mobilier que la femme et son mari possédaient avant le mariage, tous les fruits, intérêts, revenus et arrérages provenant des biens des époux, enfin de tous les meubles qui sont acquis pendant le mariage (1401).

Au contraire, ne font point partie de la communauté, et demeurent personnels à chacun des époux, les immeubles qu'ils possédaient avant le mariage et qui leur échoient ultérieurement (1404); ceux dont il leur est fait donation, à moins que le donataire n'ait exprimé une volonté contraire (1405); enfin les immeubles acquis pendant le mariage à titre d'échange contre des immeubles appartenant à l'un des époux et la portion acquise pendant le mariage d'un immeuble dont l'un ou l'autre était déjà propriétaire par indivis (1407, 1408).

Les biens de la femme ou du mari qui n'entrent

pas dans la communauté, portent le nom de *propres*.

Nous allons faire connaître maintenant quelles sont les dettes qui sont à la charge de la communauté dont le paiement peut être poursuivi contre elle, et celles au contraire qui restent à la charge des époux et ne donnent aux créanciers de droits que sur les biens personnels de chacun d'eux.

La communauté est tenue de toutes les dettes mobilières * dont la femme ou son mari était grevé au jour de la célébration du mariage ;

De toutes les dettes contractées pendant le mariage, soit par le mari, soit par la femme avec le consentement de ce dernier;

Des arrérages et intérêts des rentes ou dettes personnelles aux deux époux ;

Des réparations d'entretien à faire à leurs immeubles personnels ;

Enfin des alimens des époux, de l'éducation et entretien des enfans, et de toute autre charge du mariage (1409).

Mais pour que la communauté soit chargée des dettes mobilières de la femme, antérieures au mariage, il faut qu'elles résultent d'un acte notarié ou d'un écrit sous seing-privé dont la date est devenue certaine avant le mariage par l'enregistrement ou la mort d'une ou plusieurs des personnes qui l'ont signé ; autrement le créancier ne pourrait

---

* Voyez ce mot dans le *Vocabulaire*.

poursuivre son paiement que sur la nue propriété des immeubles personnels de la femme (1410).

Il est nécessaire de donner ici quelques explications sur les dettes qui se trouvent à la charge de l'un des époux par suite de l'acceptation d'une succession.

Nos lectrices, peu familiarisées avec les règles du droit, seraient naturellement portées à croire que l'on ne contracte de dettes que par des engagemens spéciaux et personnels : il n'en est pourtant point ainsi. L'héritier auquel échoit une succession peut l'accepter de deux manières, purement et simplement, et alors il est obligé à payer toutes les dettes de la succession, ou sous bénéfice d'inventaire, et alors il n'est tenu que jusqu'à concurrence de ce qu'il retire de la succession (774, 802).

Les dettes des successions purement mobilières échues aux époux pendant le mariage, sont pour le tout à la charge de la communauté, puisqu'elle profite de l'intégralité de la succession (1411). Ne retirant au contraire aucun profit des successions immobilières, elle ne peut être chargée des dettes qui en résultent : ces dettes restent dans l'obligation personnelle de l'époux héritier (1412).

Lorsqu'il s'agit d'une succession composée de meubles et de biens-fonds, la communauté n'est tenue dans les dettes que d'une part proportionnelle à la valeur des meubles dans la totalité de la succession (1104).

Mais il reste à faire une dernière observation. Les femmes, comme nous le dirons plus tard, ne peuvent accepter une succession sans le consentement de leur mari ou l'autorisation de la justice.

Il résulte de là une modification au principe général que nous venons d'exposer.

Si la femme a accepté purement et simplement une succession qui se compose d'immeubles, les dettes, ainsi qu'on vient de le voir, sont à sa charge personnelle ; elle doit les payer d'abord sur les biens de la succession elle-même ; mais si ces biens étaient insuffisans, il faut distinguer deux cas : la femme a-t-elle accepté avec l'autorisation de son mari ? elle peut être poursuivie sur tous ses immeubles ; n'a-t-elle au contraire accepté qu'avec l'autorisation de la justice ? elle ne peut être poursuivie que sur la nue propriété de ses immeubles (1413).

Quand la femme recueille dans une même succession des biens-fonds et des objets mobiliers, elle ne doit point négliger de faire procéder à un inventaire pour constater légalement la valeur respective des uns et des autres, et par conséquent fixer la part qui dans les dettes est à sa charge et celle qui est à la charge de la communauté. La loi donne, il est vrai, à la femme les moyens de suppléer à cet inventaire par divers genres de preuves ; mais il est ordinairement difficile, souvent même impossible, de réunir ces preuves. D'ailleurs elles sont presque toujours insuffisantes ; la prudence conseille donc de ne pas se placer soi-même dans la nécessité d'y avoir recours.

Après avoir dit quels sont les biens dont se compose la communauté, il nous reste à dire comment et par qui ces biens sont administrés. Mais le désir d'être clairs et de nous faire plus facilement comprendre par nos lectrices, nous engage à exposer ces règles dans les deux chapitres suivans (voyez chap. XI, § I.)

Qu'il nous suffise de dire ici en général que l'administration de la communauté est exclusivement confiée au mari. Nous développerons plus tard les motifs et les conséquences de ce principe, et nous promettons d'avance de le justifier aux yeux même des juges les plus prévenus.

§ II. *De la communauté conventionnelle.*

La loi, dans les dispositions qui régissent la communauté légale, a eu pour but d'établir entre les deux associés une égalité parfaite. Cependant le mari ayant seul l'administration de la fortune commune, la position de la femme est à cet égard la moins avantageuse ; mais, indépendamment des sages précautions que la loi a prises pour garantir autant que possible les droits de la femme et que nous analyserons plus tard, elle lui a permis d'avoir recours à la communauté conventionnelle, et de déroger aux règles de la communauté légale par certaines stipulations dont le caractère, l'état, la fortune de son mari, peuvent lui faire sentir la nécessité.

Ainsi, la femme a-t-elle de justes raisons de craindre que son futur époux n'ait contracté avant le mariage des dettes considérables, et qu'il ne fasse ensuite servir les biens de la communauté à les acquitter ?

Elle stipulera que chacun des époux paiera séparément ses dettes ; et, pour que cette mesure ne soit point illusoire, elle veillera à ce qu'il soit fait un inventaire exact du mobilier apporté par son mari, afin que ses créanciers ne puissent exercer leurs droits que sur ce mobilier (1510).

La fortune de la femme se compose-t-elle uniquement de valeurs mobilières ?

Il sera sage, dans la plupart des cas, de ne point la placer tout entière sous la main du mari, en la laissant entrer tout entière dans la communauté. Elle pourra donc en exclure tout ou partie de son mobilier présent ou futur. Dans ce cas, le mobilier qui échoira à la femme pendant le mariage devra être constaté par un inventaire ; à défaut de cette sage précaution, elle serait forcée, pour en constater la valeur, d'avoir recours aux preuves insuffisantes et difficiles dont nous parlions dans le § précédent (1500, 1504).

La femme peut encore pousser plus loin la prévoyance, et ne faire avec son mari d'association que pour les gains et acquisitions qui auront lieu dans le cours du mariage. Dans ce cas, tous les biens qui appartenaient à la femme ou dont elle devient propriétaire lui restent propres; et, selon l'expression de la loi, entre elle et son mari la communauté est réduite aux acquêts. Dans le cas de cette stipulation, les époux sont censés avoir exclu les dettes de chacun d'eux actuelles et futures (1498). L'épouse qui négligerait de faire constater par inventaire le mobilier qui viendrait à lui échoir, le laisserait ainsi devenir acquêt de communauté (1599).

Lorsqu'une société formée entre deux individus vient à se dissoudre, la raison et la justice veulent que chacun des associés profite de la moitié des bénéfices et soit tenu de la moitié des dettes. Ces principes ont été adoptés pour la communauté légale. Cependant, par une faveur spéciale, la femme peut, si les dettes surpassent l'actif, s'en affranchir, en renonçant à la communauté, ainsi que nous le dirons plus tard. Elle peut de plus stipuler à l'avance pour ce cas, qu'en renonçant à la communauté, elle reprendra tout ou partie de ce qu'elle y aura apporté (1514). Cette faculté offre à la femme d'immenses avantages, puisqu'elle lui laisse l'alternative de profiter de la communauté si elle a prospéré, et de ne point participer aux pertes, si elle a été malheureuse; aussi l'usage a-t-il introduit cette clause dans tous les contrats de mariage, et il sera toujours utile de veiller à ce qu'elle ne soit point omise.

Une clause non moins fréquemment introduite dans l'intérêt de la femme, consiste à l'autoriser à prélever, avant tout partage de la communauté, une certaine somme ou une certaine quantité d'effets mobiliers en nature, lorsqu'elle survit à son mari. Voilà ce que la loi appelle *préciput*. La femme peut même se réserver le droit de faire ce prélèvement en renonçant à la communauté (1515). Elle fera bien, en général, de stipuler qu'il s'exercera sur son linge, sa garde-robe, et les autres effets à son usage personnel. Elle se conservera ainsi, à l'exclusion des héritiers du mari, la propriété d'objets qui ont ordinairement pour elle encore plus d'utilité que de valeur réelle.

Il est permis aux époux de renoncer entièrement à la règle du partage égal de la communauté; ils peuvent convenir que l'un d'eux aura, dans la communauté, une part supérieure à la moitié, ou une somme fixe (1520). La femme peut, au moyen de cette convention, s'assurer à l'avance un avenir fixe et indépendant de toute espèce de chance; car si elle change sa part éventuelle contre une somme convenue, son mari ou ses héritiers sont forcés à la lui payer, soit qu'ils trouvent ou non dans la communauté les moyens de le faire (1522).

Nous venons d'analyser les principales modifications qui peuvent être apportées à la communauté; nous avons fait voir comment elles pouvaient servir à la restreindre dans l'intérêt exclusif de la femme. Il nous reste à parler des deux dernières, dont l'effet est au contraire de l'étendre, et que par conséquent les épouses ne doivent adopter qu'avec une extrême réserve.

La première est celle par laquelle la femme fait tomber dans la communauté, et soumet ainsi à la disposition du mari, soit pour leur valeur intégrale, soit jusqu'à concurrence d'une somme déterminée, tous les immeubles qu'elle possède actuellement ou qui lui échoiront par la suite (1505, 1506). Cette clause, qui compromet toujours la fortune personnelle de la femme, doit être restreinte aux seuls cas où des circonstances particulières forcent d'abandonner au mari, sans réserve et sans contrôle, des capitaux plus considérables, et où sa prudence assure qu'il en usera sagement.

Enfin il est permis aux époux d'établir entre eux une communauté universelle de leurs biens, tant meubles qu'immeubles, présens et à venir, ou de tous leurs biens présens seulement, ou de tous leurs biens à venir seulement (1526). La lecture de tout ce qui précède suffit pour faire concevoir toute la gravité des conséquences d'une pareille stipulation. La femme qui possède quelque patrimoine, ne doit pas l'aventurer aussi légèrement. Ce n'est

que dans le cas où la fortune du mari est considérable et la sienne nulle, qu'il peut être avantageux
pour elle d'abandonner ainsi son avenir à la discrétion de son mari.

§ III. *Conventions exclusives de la communauté.*

Avant d'expliquer les effets du régime dotal,
nous devons dire qu'il existe encore un système
particulier qui, sans se confondre avec lui, s'en
rapproche cependant à quelques égards, et s'éloigne
complètement de la communauté.

.Sans adopter formellement le régime dotal, les
époux peuvent déclarer se marier sans communauté, ou même qu'ils seront séparés de biens.

Les conséquences de ces stipulations sont prin-
cipalement relatives à l'administration des biens
pendant le mariage : nous les ferons connaître dans
le chapitre où nous traiterons spécialement de cette
matière.

§ IV. *Régime dotal.*

Le régime dotal, par la sécurité parfaite qu'il assure aux épouses, mérite, dans les cas où il peut
être adopté, d'obtenir la préférence. La femme qui
épouse un commerçant ne peut raisonnablement

refuser de lui confier des capitaux dont il a besoin pour faire prospérer et étendre son commerce ; dans les autres positions où, sans mettre en activité ses capitaux, on se contente d'en percevoir annuellement les revenus, il est sage d'assurer, même au prix de quelques inconvéniens, les biens de la femme, et d'éloigner toute inquiétude sur son sort et celui de ses enfans.

On comprendra sans peine ce que nous disons du système dotal, quand on saura que son caractère distinctif est de rendre les biens apportés par la femme inaliénables pendant toute la durée du mariage, si ce n'est dans des cas fort rares et tout-à-fait exceptionnels. C'est ainsi qu'elle est prémunie à jamais contre sa propre imprudence, contre les sollicitations de son mari, et même contre une tendresse qui, toute louable qu'elle serait dans son principe, n'en pourrait pas moins avoir de funestes conséquences.

Nous expliquerons dans un prochain chapitre comment sont régis et administrés les biens de la femme sous le système dotal ; nous n'en faisons connaître ici que les règles principales.

Pour établir le régime dotal, il faut, dans le contrat de mariage, une stipulation expresse et formelle, et que rien ne peut suppléer.

La constitution de dot peut frapper tous les biens présens de la femme, ou seulement ses biens à venir, ou encore une partie de ses biens présens ou à venir (1542). Mais la dot, une fois constituée, ne peut être augmentée pendant le mariage ; à plus forte raison, n'en pourrait-il plus être constitué une, si cela n'avait pas été fait (1546).

On voit que la femme peut posséder des biens autres que les biens dotaux. Ces biens sont appelés par la loi *paraphernaux*. Ils sont soumis à des règles d'administration particulière qui seront également expliquées plus tard. (Voyez chap. XI).

CHAPITRE IX.

DES DROITS ET DEVOIRS DE LA FEMME ENVERS
SON MARI ET SES ENFANS.

En s'engageant dans les liens du mariage, la femme renonce à son indépendance et abdique une partie de ses droits ; mais la prééminence du mari dans la société conjugale n'est point une usurpation arbitraire de la force sur la faiblesse. Il ne faut pas prendre au sérieux cette plaisanterie souvent répétée, qu'on s'aperçoit bien, à la manière dont le Code civil traite les femmes, qu'il a été fait par les hommes ; et il est peut-être plus important qu'on ne pense, pour la paix et la bonne harmonie du ménage, que la femme ne s'habitue point à attacher, même en riant, une idée d'injustice à l'autorité maritale ; car, lorsque le pouvoir qui commande ne semble pas tirer ses droits de la raison et de l'équité, la soumission, pour un être intelligent, est doublement pénible et la pente plus facile vers la désobéissance.

4

On n'a point voulu dans le mariage favoriser exclusivement le mari au préjudice de la femme ; mais c'eût été livrer à d'interminables discussions une société composée de deux membres, que de ne point accorder à l'un d'eux une voix prépondérante dans les décisions. Ces deux époux doivent concourir à un but commun, le bonheur mutuel et l'éducation des enfans ; mais ils ne peuvent y concourir de la même manière.

La nature elle-même a déterminé le rôle de chacun des deux sexes. En faisant la femme faible et timide, elle lui a fait sentir le besoin d'un défenseur et d'un appui ; en donnant à l'homme la force du corps et de l'esprit, elle semble l'appeler à l'indépendance et l'autorité. La loi n'a donc fait à cet égard que confirmer le vœu de la nature ; et, loin de l'accuser, la femme doit y reconnaître une sage prévoyance, une intention bienveillante de balancer par les obligations imposées à l'homme la supériorité que la force seule lui donnait. Parmi les devoirs qui naissent du mariage, plusieurs sont communs aux deux époux ; et si quelques droits particuliers ont été accordés à l'homme, chacun lui impose un devoir envers la femme.

Ainsi ils se doivent mutuellement fidélité, secours et assistance (212).

La femme doit obéissance à son mari ; mais le mari doit protection à sa femme (213). La soumission est un hommage rendu au pouvoir qui protége.

La femme doit habiter avec son mari ; le suivre partout où il juge à propos de résider ; quitter sa patrie ; renoncer à ses parens, selon les paroles de l'Évangile, pour s'attacher à celui auquel elle a uni son existence. Par une juste réciprocité, le mari est obligé de la recevoir, et de lui fournir tout ce qui est nécessaire aux besoins de la vie, suivant ses facultés et son état (214).

Il n'y aurait eu ni ordre, ni bonne administration possible dans la société conjugale, si chacun avait pu de son côté régir les biens communs et en disposer à son gré. Ce droit a dû être réservé exclusivement à l'homme : la femme, retenue dans l'intérieur de son ménage par les soins domestiques, et manquant d'ailleurs des connaissances nécessaires, ne pouvait se livrer sans de graves inconvéniens à de pareilles occupations. On a donc voulu, dans l'intérêt commun, qu'elle ne fît, sans le consentement de son mari, aucun acte important ; et cette prohibition est tellement d'ordre public, qu'une autorisation générale, même stipulée par contrat de mariage, n'est valable que pour l'administration des biens personnels de la femme (223).

Elle ne peut ni intenter ni soutenir un procès, sans y être autorisée de son mari ; elle ne peut, de même, aliéner, emprunter, hypothéquer, acheter, accepter des donations, des successions purement et simplement ou sous bénéfice d'inventaire, sans le consentement du mari ou son concours dans l'acte (115, 217, 776, 905).

Il n'y a d'exception à cette règle que quand la femme est poursuivie criminellement ou pour fait de police ; alors l'autorité du mari disparaît devant celle de la loi, et la nécessité de la défense naturelle dispense la femme de toute formalité.

Dans tous les autres cas, comme la nécessité de l'autorisation ne doit point tourner au désavantage de la femme, si le mari lésait ses intérêts en ne l'accordant point, le magistrat peut intervenir pour réprimer les refus injustes, et rétablir toute chose dans l'état légitime (216, 218).

Si le mari, absent ou interdit, est dans l'impossibilité de manifester sa volonté, son autorisation est suppléée par celle du juge, qui doit à sa place diriger l'inexpérience de la femme (222).

La faveur du commerce a fait regarder la femme marchande publique comme indépendante du pouvoir marital, ainsi qu'on le verra chap. XVIII (220).

L'autorité du juge intervient encore, si le mari est mineur. Comment celui-ci pourrait-il autoriser les autres, quand il a besoin d'être autorisé lui-même ?

La femme peut faire toute espèce de disposition testamentaire sans y être autorisée, parce que ces sortes de dispositions ne devant avoir d'effet qu'après la dissolution de l'union conjugale, ne peuvent en blesser les lois. Cette faculté étant l'une des plus importantes prérogatives de la femme, nous avons jugé à propos de lui indiquer dans quelle forme et jusqu'à quelle quotité elle pouvait en user. Nous traiterons dans un même chapitre du testament de la femme et des donations qu'elle peut faire à son mari, parce que ces deux sortes d'acte ont beaucoup de rapports entre eux, et par leurs effets, et par les règles qui les régissent (voyez chap. XX).

De toutes les obligations auxquelles soumet le mariage, la première est de nourrir ceux à qui on a donné le jour (103); et, selon l'énergique expression des jurisconsultes de l'antiquité, la mère qui refuse de nourrir son enfant lui donne la mort. Ce devoir ne se borne point à l'entretien physique, il comprend aussi l'éducation morale.

La mère ni le père ne peuvent être forcés à constituer une dot à leurs enfans pour les établir par mariage ou autrement. La loi ne mérite point le reproche d'imprévoyance pour s'en être rapportée à la tendresse des parens (204).

Si la mère est obligée de nourrir ses enfans, ils sont tenus à leur tour de nourrir leur mère lorsqu'elle est dans le besoin; l'engagement est réciproque, et de part et d'autre fondé sur la nature.

Les gendres et belles-filles sont soumis à la même obligation envers leurs belles-mères. La belle-mère est tenue de son côté de fournir des alimens à son gendre ou à sa belle-fille; la parenté d'alliance imite la parenté du sang (205, 206, 207).

Par alimens, la loi entend non-seulement la nourriture, mais encore le vêtement, le logement, et en général tout ce qui est nécessaire à la vie. Et par-là il ne faut pas seulement comprendre ce qu'exige indispensablement la conservation de l'existence; il est des positions où, suivant l'ingénieuse expression de Voltaire, *le superflu est chose nécessaire*. Un fils opulent croirait-il avoir rempli tous ses devoirs envers une mère accoutumée aux jouissances du luxe et à toutes les commodités de la vie, en lui payant annuellement une chétive pension? C'est d'après l'âge, les besoins, les habitudes de la mère qui la demande, et la fortune du fils qui la doit, que les tribunaux en fixeront la quotité (208).

CHAPITRE X.

DE L'ADMINISTRATION DES BIENS PENDANT LE MARIAGE.

La prééminence naturelle en vertu de laquelle le mari est le chef de l'association conjugale lui a fait attribuer dans tous les cas l'administration des biens pendant le mariage. Mais ce droit d'administration est plus étendu ou plus restreint dans son exercice, suivant la nature des conventions matrimoniales sous l'empire desquelles les époux se sont placés.

Nous allons exposer dans ce chapitre les différentes règles établies à cet égard par le Code civil.

Nous ferons observer que les règles qui s'appliquent à la communauté légale s'appliquent également à la communauté conventionnelle, sauf les modifications qui résultent nécessairement des dérogations apportées par les stipulations des parties aux principes mêmes de la communauté.

Ce chapitre sera donc divisé en trois paragraphes où nous traiterons de la communauté, des conventions exclusives de communauté, du régime dotal.

§ I. *De l'administration des biens sous le régime de la communauté.*

Le mari peut vendre, aliéner, hypothéquer les biens de la communauté (1421); mais il ne peut, sans le concours de sa femme, si ce n'est pour l'établissement des enfans communs, disposer à titre gratuit ni des immeubles de la communauté, ni de l'universalité ou d'une quotité quelconque telle que la moitié, le tiers, le quart du mobilier (1422).

La raison de cette différence est évidente : lorsqu'il vend ou hypothèque, on présume que c'est par besoin ; lorsqu'il reçoit un prêt ou le prix d'une vente, on suppose qu'il doit en faire un emploi utile. En cela, il ne sort point des bornes de l'administration qui lui est confiée ; mais donner, c'est dépouiller la communauté, c'est perdre sans profit des biens qu'il est chargé de conserver et de faire valoir.

Cependant on n'a point refusé au mari la faculté de disposer à titre gratuit d'objets déterminés faisant partie du mobilier de la communauté, pourvu qu'il ne s'en réservât point l'usufruit (1422).

Le mari ne peut donner par testament au-delà de sa part dans la communauté ; car les facilités qui lui sont dues pour sa gestion ne vont pas jusqu'à autoriser des dispositions qui ne tendraient qu'à diminuer le patrimoine de la femme (1423).

Quant aux biens propres à la femme, le mari a le droit de les administrer, d'en percevoir les revenus, d'intenter des procès, ou de soutenir à ceux qui seraient intentés à leur sujet. Mais il est loin d'exercer sur ces biens l'autorité illimitée et sans contrôle d'un propriétaire : il n'est que le mandataire obligé de la femme. S'il les laisse dépérir, il est tenu de toutes les suites de sa négligence (1428).

Il peut les louer et affermer ; mais les baux qu'il aurait faits pour un temps excédant neuf années ne sont, en cas de dissolution de la communauté, obligatoires vis-à-vis de la femme que pour le temps qui reste à courir soit de la première période de neuf ans, soit de la seconde, et ainsi de suite, de manière à ce que le fermier n'ait que le droit d'achever la période de neuf ans où il se trouve (1429). Les baux de neuf ans ou au-dessous, que le mari seul a passés ou renouvelés des biens de sa femme plus de trois ans avant l'expiration des baux précédens pour les biens ruraux, et de deux ans pour les maisons, seraient sans effet, à moins que les fermiers ou locataires n'eussent commencé à jouir, en vertu de ces baux, avant la dissolution de la communauté (1430).

Il ne peut aliéner, hypothéquer, échanger les immeubles personnels de sa femme sans son consentement (1428); car la femme en est toujours restée propriétaire, et la mise qu'elle en a faite dans la communauté n'a eu lieu que pour les fruits et les revenus, et non pour le fonds.

Il importe à la femme de ne pas consentir à l'aliénation de ses propres, si ce n'est dans des circonstances graves et quand l'utilité de cette aliénation lui en est bien démontrée, car elle renonce ainsi aux garanties qu'elle s'était réservées par son contrat de mariage, à moins qu'il ne soit fait acquisition d'un nouvel immeuble qui lui sera propre comme le premier ; mais il faut pour cela qu'il soit déclaré dans le contrat que l'acquisition est faite avec ses deniers personnels. Bien entendu que la femme ne devra point accepter en remploi un bien de moindre valeur que celui qui lui appartenait d'abord ; car, à défaut de remploi, elle conservera au moins le droit de prélever sur la communauté, et même sur les biens de son mari, l'intégralité du prix de la première aliénation (1435, 1436).

Les droits de la femme sur la communauté sont fort restreints et presque nuls. Les actes faits par elle sans le consentement de son mari, même avec l'autorisation de la justice, ne peuvent engager les biens qui en dépendent, si ce n'est lorsqu'elle contracte comme marchande publique et pour le fait de son commerce (1426). Cependant, pour tirer son mari de prison, ou en cas d'absence du mari, pour l'établissement de ses propres enfans, elle peut, après avoir été autorisée par justice, engager la communauté (1427).

Si le père et la mère ont doté conjointement un enfant commun, ils sont censés avoir doté chacun pour moitié (1488).

Si la femme s'est obligée solidairement avec son mari pour les affaires de la communauté, elle doit être indemnisée par le mari ou sa succession de l'obligation qu'elle a contractée (1431).

En général, tout ce qui a été pris sur les biens personnels de la femme et a tourné au profit de la communauté, lui donne droit de réclamer une indemnité, et réciproquement elle devrait indemniser la communauté pour tout ce qui en aurait été détourné à son avantage personnel.

§ II. *De l'administration des biens sous les conventions exclusives de communauté.*

Lorsque les époux se sont mariés sans communauté, leurs biens n'en sont pas moins régis par les conséquences qui dérivent nécessairement du mariage qui les unit. Ainsi, les revenus des biens de la femme n'en sont pas moins perçus par le mari, et destinés à soutenir les charges du mariage. Ce qui distingue particulièrement ce système, c'est qu'à la différence de la communauté et du régime dotal, il peut être convenu que la femme touchera annuellement et sur ses simples quittances une certaine portion de ses revenus pour son entretien et ses besoins personnels (1530, 1531, 1532).

Elle a de plein droit la faculté d'aliéner les immeubles apportés par elle en mariage, soit avec l'autorisation de son mari, soit, à son refus, avec l'autorisation de la justice (1535).

Si les époux ont non-seulement rejeté la communauté, mais de plus déclaré par leur contrat qu'ils seraient séparés de biens, la femme conserve l'entière administration de ses biens, meubles et immeubles, et la jouissance libre de ses revenus (1536); mais elle n'est pas dispensée de contribuer aux charges du mariage; et si elle n'a pas stipulé dans quelle proportion elle les supportait, la loi fixe cette quotité au tiers de ses revenus (1537).

Mais dans aucun cas, à la faveur d'aucune stipulation, la femme ne peut aliéner ses immeubles sans le consentement spécial de son mari, ou, à son refus, sans être autorisée par la justice.

Toute autorisation générale d'aliéner les immeubles, donnée à la femme soit par contrat de mariage, soit depuis, est nulle (1538).

§ III. *De l'administration des biens sous le régime dotal.*

Le régime dotal n'a pu enlever au mari les droits qui lui appartiennent comme chef de l'union conjugale. Ces droits ont seulement subi des restrictions motivées sur l'intérêt de la femme.

Le mari a seul l'administration des biens dotaux ; il peut seul en percevoir les fruits et revenus. Cependant il peut être convenu par le contrat de mariage, que la femme touchera annuellement, sur ses seules quittances, une partie de ses revenus pour ses besoins personnels (1549) ; mais le mari, ni la femme, ni eux deux conjointement, ne peuvent, ainsi que nous l'avons dit, aliéner ou hypothéquer les biens dotaux, à moins qu'ils ne s'en soient réservé la faculté par contrat de mariage (1554, 1557).

La femme peut en disposer avec l'autorisation du mari ou de la justice pour l'établissement de ses enfans (1556) ; car la cause de l'inaliénabilité étant fondée sur l'intérêt même de ces enfans, on n'est point censé l'enfreindre, quand l'aliénation n'a lieu que pour leur avantage.

Après cette exception d'un ordre supérieur, il en est quelques autres que les juges seuls peuvent appliquer. Les principales se rapportent au cas où

la femme veut tirer son mari de prison; fournir des
alimens à certains membres de la famille, pourvoir
aux grosses réparations de l'immeuble dotal. Dans
ces divers cas, la loi n'a pu refuser ce que récla-
mait la nécessité (1558). Enfin, pour l'utilité
commune, l'immeuble dotal peut être échangé,
mais avec le consentement de la femme, contre un
immeuble de même valeur, pour les quatre cinquièmes au moins (1559).

Parmi les biens présens, ceux expressément
constitués en dot à la femme, sont seuls dotaux ; le
reste des biens qui lui appartenaient au moment du
mariage, ainsi que tous ceux qui lui échoient par
la suite, ne font point partie de la dot, et sont appelés pour cela par la loi *paraphernaux*, c'est-à-
dire *extra-dotaux*. La femme a l'administration
de ces derniers biens, mais elle ne peut les aliéner
sans l'autorisation de son mari. Celui-ci peut les
administrer comme mandataire de son épouse, à la
charge de lui rendre compte des fruits (1577):
mais si la femme l'avait laissé jouir sans opposition
du revenu de ces biens, elle serait censée lui en
avoir fait volontairement l'abandon, et elle n'aurait
droit d'exercer à ce sujet contre lui aucun recours
(1578).

CHAPITRE XI.

DES DONATIONS QUE LA FEMME PEUT FAIRE A SON
MARI OU EN RECEVOIR PENDANT LE MARIAGE. —
DU TESTAMENT DE LA FEMME.

Nous allons nous occuper, dans trois paragraphes différens, des donations que la femme peut faire à son mari et en recevoir par contrat de mariage ou pendant le mariage, du testament qu'elle a la liberté de faire lors même qu'elle est soumise à la puissance maritale, enfin de la portion de ses biens dont elle peut disposer par chacune de ces deux espèces d'acte.

§ I. *Donations par contrat de mariage ou pendant le mariage.*

Indépendamment des conventions que les époux peuvent faire en se mariant pour régler leurs intérêts respectifs, il leur est encore permis, pour se témoigner leur affection, de se donner telle portion qu'ils jugent convenable de leurs biens présens ou à venir ; mais, à la mort du donateur, ces libéralités peuvent être réduites suivant les règles que nous exposerons dans le § III de ce chapitre.

Toute donation par contrat de mariage est irrévocable (1083). On n'a point voulu qu'un époux pût rétracter des avantages qui peut-être ont été une des conditions déterminantes du mariage.

Les mineurs ne peuvent, comme nous l'avons déjà dit, faire aucune aliénation de leurs biens ; mais la faveur du mariage a fait introduire une exception à ce principe : le mineur de l'un ou l'autre sexe peut faire dans son contrat de mariage toutes les donations permises au majeur ; mais pour cela, il faut qu'il soit assisté des personnes sans le consentement desquelles il ne pourrait se marier (1095).

Les époux peuvent encore se faire, pendant le mariage, donation de tout ou partie de leurs biens. Ces libéralités sont réductibles comme les libéralités premières.

Lors même qu'elles sont qualifiées dans l'acte d'irrévocables, les époux peuvent toujours les révoquer, et la femme n'a pas besoin pour cela de l'autorisation de son mari ni de la justice (1096): C'est pour faciliter cette révocation, qu'aucune donation mutuelle entre époux ne peut

être faite par le même acte pendant le mariage
(1097).

La révocabilité des donations faites pendant le
mariage, est une dérogation aux principes ordinaires ; il est facile d'en saisir les motifs : si la
femme a cédé aux obsessions de son mari, ou à un
mouvement inconsidéré de tendresse, la loi lui
laisse la faculté de revenir sur ce qu'elle a fait, et
lui donne un moyen de prévenir l'ingratitude de
son mari, par la crainte d'une révocation qu'elle
peut faire à son insu.

§ II. *Du testament.*

La femme peut remplacer les donations entre-vifs
par un testament au profit de son mari.

Elle peut également, pendant le cours du mariage,
tester au profit d'un étranger ; et dans l'un et l'autre
cas, elle n'a besoin d'aucune autorisation, comme
nous l'avons dit plus haut.

Il est deux principales manières de tester, l'une
par acte notarié, ou *testament authentique*, l'autre par acte privé et secret, ou *testament olographe* (969).

Nous croyons inutile d'apprendre à nos lectrices
la forme des testamens pour lesquels on emploie
le ministère des notaires ; nous leur recommande-

rons seulement de choisir parmi ces officiers publics deux dont la probité et les lumières offrent
de sûres garanties.

Quant aux testamens qu'on peut faire soi-même
sans notaire ni témoins, rien n'est plus simple : il
suffit que la testatrice écrive de sa propre main,
sur un papier quelconque, en quelque terme que
ce soit, ce qu'elle veut qui soit fait après sa mort;
pourvu que cet acte soit écrit en entier par elle,
daté et signé par elle, il est régulier et valide. La
loi le dispense expressément de toute autre formalité (970). On trouvera du reste, à la fin
de cet ouvrage, des modèles de testament olographe.

Cette façon de disposer offre une telle simplicité,
que nous engageons la femme à lui donner la préférence toutes les fois qu'elle le pourra. Quelques
momens d'attention suffisent pour accomplir les conditions imposées dans ce cas par la loi, et au
contraire, l'exactitude et le savoir des notaires
échouent quelquefois au milieu de formalités si
multipliées, requises dans les testamens authentiques, et dont une seule omise entraîne la nullité
de l'acte (1001).

§ III. *De la portion de biens dont la femme peut disposer par donation ou testament.*

Les donations ou testamens, quoique valables en eux-mêmes, ne reçoivent point leur exécution, au moins pour la totalité, si la femme a donné plus qu'elle n'avait droit de donner.

La faculté de disposer accordée à la femme a plus de latitude lorsqu'elle l'exerce au profit de son mari, que lorsqu'elle en fait usage au profit d'un étranger.

Dans ce dernier cas, si la femme ne laisse après elle ni ascendans ni descendans, elle a pu valablement disposer de tous ses biens (916).

Elle n'en peut donner que la moitié si elle laisse un enfant, le tiers si elle en laisse deux, le quart si elle en laisse trois ou un plus grand nombre (913).

Si, à défaut d'enfans, elle laisse des ascendans dans les deux lignes, elle doit réserver pour eux la moitié de ses biens, et le quart si elle n'en laisse que dans une ligne (915).

Quant aux donations ou testamens faits par la femme en faveur de son mari, et réciproquement, si l'époux donateur laisse après lui des enfans, la libéralité par lui faite, vaudra pour l'usufruit de la moitié de ses biens, ou pour un quart en usufruit, et un autre quart en propriété (1094).

Si, à défaut d'enfans, il laisse des ascendans dans les lignes paternelle et maternelle, il peut donner à l'autre époux la moitié de ce qui lui appartient, et les trois quarts, s'il ne lui reste d'ascendans que dans l'une des deux lignes (915).

Mais, par une disposition singulière, dans l'un et l'autre de ces cas, il peut donner en outre à l'autre époux l'usufruit viager du quart ou de la moitié dont il n'a pu disposer en sa faveur (1194). En sorte que les ascendans, ordinairement plus âgés que leurs gendres ou belles-filles, ne jouissent presque jamais de la portion qui leur est réservée; ils n'en ont qu'une nue propriété inutile.

CHAPITRE XII.

DE LA DISSOLUTION DU MARIAGE PAR LA MORT CIVILE OU NATURELLE.

Le mariage se dissout par la mort naturelle ou civile de l'un des époux (227).

La dissolution de la société conjugale dans le cas de mort naturelle est opérée par un évènement qui dissout toutes les sociétés humaines.

La mort civile est la suite d'une condamnation qui retranche le coupable de la société, et l'exclut de toute participation à la plupart des droits civils (22).

Les condamnations qui emportent la mort civile sont la condamnation à mort, même quand elle n'est exécutée qu'en effigie ; la condamnation aux travaux forcés à perpétuité et à la déportation (Cod civ., art. 23 ; Cod pén., art. 18).

Le crime de l'un des conjoints ne peut rompre le lien naturel et religieux qui l'unissait à l'autre ; mais le lien légal est brisé. La loi pouvait-elle conserver les droits d'un homme vivant à celui qu'elle a rejeté de son sein et qu'elle répute mort? Pouvait-elle considérer comme époux et comme père celui qui, à ses yeux au moins, n'existe plus? La femme qui continuerait de vivre avec lui ferait, aux yeux de la religion et de la morale, un acte de dévouement et de vertu; mais la loi, dans la rigueur des principes, regarderait comme un concubinage sa persévérance à partager le sort d'un époux malheureux et coupable. Les enfans qu'elle mettrait au monde ne seraient point légitimes. Bien plus, redevenue libre par la condamnation de son premier mari, elle pourrait, si la religion et sa conscience ne l'en détournaient pas, contracter valablement un second mariage.

CHAPITRE XIII.

DE LA SÉPARATION DE CORPS.

Naguères le mariage se dissolvait encore par le divorce ; mais une loi du 8 mai 1816 l'a formellement aboli.

Le divorce donnait lieu chaque jour à des procès scandaleux ; cependant on devrait en regretter la suppression, s'il ne fût point resté à la femme un moyen de se soustraire aux mauvais traitemens d'un mari injuste et brutal, en cessant de cohabiter avec lui. Tel est l'effet de la séparation de corps.

Dans aucun cas, elle ne peut avoir lieu par le consentement mutuel des époux.

La femme peut la demander pour cause d'adultère de son mari, lorsqu'il a tenu sa concubine dans la maison commune (230) ; c'est là sans doute le plus cruel outrage pour une épouse vertueuse et la violation la plus effrontée de la fidélité promise.

Les excès, sévices ou injures graves de la part

du mari, sa condamnation à une peine infamante, autorisent encore la femme à demander la séparation de corps (231 , 232).

Les peines infamantes sont la déportation , les travaux forcés à temps, le carcan, etc. (Cod. pén., art. 7 , 8.)

En cas de demande en séparation de corps , les enfans sont , jusqu'au jugement du procès , confiés provisoirement au mari. C'est un hommage rendu à sa qualité de chef de la famille. Mais cette règle est susceptible d'exceptions toutes les fois que, sur la demande de la mère ou du procureur du roi , les tribunaux jugent à propos d'en ordonner autrement. Les magistrats ne consultent que le plus grand avantage des enfans ; car, dans ce débat funeste, ils sont quelquefois les seuls qui n'aient rien à se reprocher (267).

Il n'était pas possible de forcer une femme à partager le domicile de son mari pendant le cours du procès. Elle est toujours autorisée à prendre une autre résidence : la décence veut qu'elle se retire dans une maison indiquée par le tribunal. Là, et tant qu'elle y reste seulement, elle touche une pension que le mari est tenu de lui payer ; si elle quitte cette maison , elle n'est plus recevable à continuer les poursuites qu'on a commencées contre son mari (268 , 269).

Enfin la femme peut, dès l'accomplissement des premières formalités de la procédure , faire , pour la conservation de ses droits, apposer le scellé sur les effets de la communauté. Le mari ne peut plus en disposer ni par aliénations, ni par des engagemens (270).

Elle peut aussi se faire remettre les effets à son usage journalier (Cod. de procédure, 878).

La séparation de corps entraîne, dans tous les cas, la séparation de biens, dont nous allons expliquer les conséquences dans le chapitre suivant.

CHAPITRE XIV.

SÉPARATION DE BIENS.

Lorsque, sans se rendre coupable envers sa femme des torts qui rendraient la vie commune insupportable, le mari, par suite de sa dissipation et de son imprudence, ou de spéculations malheureuses, a gravement compromis sa fortune; lorsqu'il y a lieu de craindre que bientôt elle ne soit plus suffisante pour remplir la femme de sa dot et de ses autres reprises, alors celle-ci, lors même qu'elle est mariée sous le régime dotal, peut se faire judiciairement séparer de biens d'avec son mari.

Les formalités pour y parvenir sont très-multipliées; en les établissant, le législateur a été préoccupé de l'idée que, si le secours de la séparation était dû à la femme d'un mari dissipateur, il était nécessaire de ne point offrir par là à des époux de mauvaise foi un moyen de tromper des créanciers légitimes.

Sans entrer dans le détail de ces nombreuses

formalités, nous nous contenterons de dire que toute séparation faite d'un commun accord entre les époux, est nulle (1443) ; que la séparation, quoique prononcée en justice, est nulle encore si le mari ne l'exécute point en payant réellement à sa femme le montant de ses droits et reprises, ou en lui faisant au moins, par un acte notarié, l'abandon de ses propres biens jusqu'à due concurrence, ou si encore des poursuites n'ont été commencées par la femme dans la quinzaine du jugement et non interrompues depuis (1445).

Nous recommandons à celles de nos lectrices que le désordre des affaires de leurs maris mettrait dans la plus fâcheuse nécessité d'avoir recours à la séparation de biens, de ne pas attendre pour prendre ce parti que leur dot soit dévorée , et de prévenir les créanciers toujours actifs de leurs maris ; en second lieu, nous les engageons à faire choix d'un avoué aussi intègre que possible, et surtout actif et entendu ; elles ne sauraient prendre trop de précaution pour que les formalités si multipliées et si minutieuses prescrites par la loi, et sous peine de nullité , soient exactement remplies.

La femme qui a obtenu la séparation de biens n'est pas délivrée des charges du mariage ni complètement affranchie de la puissance maritale. Ainsi, elle doit contribuer proportionnellement à ses facultés tant aux frais du ménage qu'à ceux de l'éducation des enfans communs ; elle doit même supporter entièrement ces frais s'il ne reste rien au mari (1448).

Elle reprend la libre administration de ses biens; elle peut disposer de son mobilier et l'aliéner; mais elle ne peut aliéner ses immeubles sans le consentement du mari, ou sans être autorisée en justice à son refus (1449).

La séparation de biens dissout la communauté : nous renvoyons pour ce sujet au chapitre suivant.

CHAPITRE XV.

DE LA FEMME DONT LE MARI EST ABSENT.

Un cas ordinairement fort rare, mais que nous avons vu se renouveler plus fréquemment depuis ces guerres où tant de Français ont succombé dans des pays lointains, c'est celui où un mari ne reparaît point dans sa patrie, sans qu'on ait la preuve de son existence ou de sa mort. Lorsque cet état d'incertitude s'est prolongé pendant quatre ans, la femme peut se pourvoir devant la justice pour faire ordonner une enquête juridique, afin de constater la disparition de son mari et le manque absolu de ses nouvelles (115).

Le jugement qui ordonne cette enquête est rendu public par la voie des journaux, afin que le mari puisse en être informé, s'il existe encore (118).

Un an après, il intervient un second jugement qui déclare son absence, et dès ce moment il est réputé décédé (119).

***

Par suite de cette présomption de décès, les choses se passent comme s'il était mort en effet, le jour où il a cessé d'être vu.

Ainsi, sa succession est réputée ouverte (120). Son testament, s'il en a laissé un, est lu (123), et sa femme, réputée veuve, a la faculté soit d'exercer ses reprises et les autres droits résultans de son mariage, soit de rester en communauté avec les héritiers du mari (124). Elle est tutrice des enfans pendant leur minorité (141). Mais ces mesures ne sont que provisoires ; elles cessent de plein droit si le mari reparaît.

Cependant il n'est point permis à la femme de l'absent de se remarier. Si toutefois elle avait contracté une nouvelle union, l'absent seul, s'il réparaissait, serait recevable à en demander la nullité par lui-même ou par un fondé de pouvoir spécial muni de la preuve de son existence (139).

CHAPITRE XVI.

EFFET DE LA DISSOLUTION DU MARIAGE. — DISSOLUTION DE LA COMMUNAUTÉ. — RESTITUTION DE LA DOT. — REPRISE DE LA FEMME, QUAND IL Y A EXCLUSION DE COMMUNAUTÉ.

La mort naturelle ou civile de l'un des époux détruisant le mariage qui les unissait, doit nécessairement aussi dissoudre la société de biens qui n'était qu'un accessoire et une conséquence du mariage.

La séparation soit de corps et de biens, soit de biens seulement, tout en n'atteignant point le lien conjugal en lui-même, produit, sauf quelques différences, les mêmes effets sur la fortune des époux.

Il est donc, dans tous ces cas, nécessaire de liquider cette société; de reconnaître dans les biens qui jusque-là avaient été confondus, dont la jouissance et l'administration avaient été communes, ceux qui appartiennent au mari, ceux qui appartiennent à la femme.

Nous allons développer les règles générales qui régissent cette matière si importante pour les femmes ; il est facile de prévoir que ces règles diffèrent suivant que le mariage a eu lieu sous le régime de la communauté, sous le régime dotal, ou avec exclusion de communauté.

§ Ier. *Dissolution de la communauté.*

La femme, après la dissolution de la communauté, peut à son gré l'accepter, si elle lui semble avantageuse, pour prendre la moitié des bénéfices, ou la refuser pour n'être pas obligée de payer la moitié des dettes (1453).

Ce droit d'adoption est fondé à la fois sur la justice et sur l'intention de protéger la femme. En effet, l'épouse soumise à la puissance du mari et privée de toute influence dans la gestion des biens, devait-elle supporter toutes les conséquences d'opérations désastreuses qu'elle ne pouvait ni empêcher, ni réparer ?

Il n'est point inutile de remarquer en passant que, dans notre ancienne législation d'origine féodale, la faculté de renoncer n'était accordée qu'*aux dames nobles, extraites de noble lignée et vivant noblement,* c'est-à-dire vivant sans rien faire. Nos lois ont aboli un aussi absurde privilége, et ce droit a pris un tel caractère de justice nécessaire, que la femme elle-même ne peut l'abdiquer par son contrat de mariage (1453).

La femme le perdrait cependant si, depuis la dissolution de la communauté, elle s'immisçait dans les biens qui en dépendent (1454); si elle prenait sciemment la qualité de *femme commune* (1455); si elle avait diverti ou recélé quelques effets de la communauté; et dans ce cas plus grave, elle serait déclarée commune, lors même qu'elle aurait renoncé (1460).

Elle le perd enfin trois mois après le décès de son mari, lorsque, dans ce délai, elle n'a point fait faire, contradictoirement avec les héritiers de ce dernier, un inventaire fidèle et exact de tous les biens de la communauté (1456). La femme a encore quarante jours après la clôture de l'inventaire pour examiner attentivement l'état de la communauté et délibérer sur le parti qu'il est plus avantageux pour elle de prendre (1457). Elle peut même, suivant les circonstances, obtenir une prorogation de ces délais (1458).

La veuve qui a fait inventaire et qui ne fait pas son option, soit dans les délais ordinaires, soit dans ceux qui lui auraient été accordés particulièrement par la justice, ne perd point encore le droit d'opter; mais provisoirement, et jusqu'à ce qu'elle ait renoncé, elle est réputée commune et exposée aux poursuites des créanciers de la communauté (1459).

Nous ne nous arrêtons pas à faire sentir à nos

lectrices de quelle importance il est pour elles de faire procéder après la mort de leurs maris à l'inventaire prescrit par la loi. L'omission de cette formalité leur enlèverait une faculté dont elles comprendront le prix quand nous aurons expliqué les conséquences qui résultent pour elles de l'acceptation de la communauté.

Si la femme renonce, elle devient étrangère à la communauté, aux biens qui la composent, aux dettes dont elle est chargée; elle abdique à la fois et ses droits et ses obligations (1494); elle ne recouvre même du mobilier qu'elle a mis dans la masse commune, que le linge et les habits à son usage (1492). Mais elle reprend tout ce qui lui appartient personnellement, c'est-à-dire ses immeubles, s'ils existent; s'ils ont été vendus, les immeubles acquis en remplacement; si le remplacement ou remploi n'a pas été fait par son mari et accepté par elle, le prix des immeubles vendus, enfin le montant de ses indemnités, c'est-à-dire la compensation exacte de ce que ses propriétés personnelles ont fourni à la communauté, ainsi que nous l'avons dit plus haut. Ces reprises s'exercent sur les biens de la communauté, et à défaut sur ceux du mari (1493, 1495).

Si la communauté a prospéré, si son actif dépasse son passif, la femme l'acceptera pour retirer sa moitié dans les bénéfices. Elle est encore réputée malgré elle l'avoir acceptée, dans les cas que nous avons énoncés plus haut. Voyons donc quelles sont les conséquences de cette acceptation volontaire ou forcée.

Avant de procéder au partage, on compose la masse commune à laquelle la femme ou les héritiers du mari prédécédé rapportent tout ce qu'ils doivent à la communauté; à titre d'indemnité ou récompense pour les choses qui en ont été retirées pour leur profit particulier (1468). Ils rapportent également ce qui a été pris par chacun des époux personnellement pour doter les enfans (1469).

Sur l'actif ainsi composé et de ce qui existe en nature et ce qui est rapporté, la femme prélève ses biens personnels, le prix de ses immeubles aliénés et dont il n'a point été fait remploi, les indemnités qui lui sont dues par la communauté (1470).

Les prélèvemens de la femme s'exercent toujours avant ceux du mari; ils frappent d'abord sur l'argent comptant et le mobilier; en cas d'insuffisance, sur les immeubles de la communauté; et, dans ce cas, la femme peut choisir ceux de ces immeubles qu'il lui est le plus avantageux de posséder (1471).

Si tous les biens mobiliers et immobiliers de la communauté ne suffisent pas, ils s'étendent jusque sur les biens personnels du mari (1472).

Les reprises ou prélèvemens faits de chaque côté, ce qui reste est la masse partageable qui se partage en effet par égale portion entre la femme et les héritiers du mari (1474).

Si l'un des époux avait diverti ou recélé quelques effets de la communauté, des motifs de décence ne permettent pas de considérer et de poursuivre cette action comme un délit; pour toute peine, l'époux infidèle est privé de sa portion dans les effets recélés (1479).

Quant aux dettes, elles se divisent aussi en portions égales, et chaque époux en paie la moitié. On compte dans ces dettes les frais de scellé, inventaire et partage, qui ont eu lieu pour parvenir à la liquidation de la communauté (1482).

Le deuil de la veuve est une dette des héritiers du mari; la femme, qu'elle accepte ou qu'elle renonce, a droit de le leur demarder; la valeur en est réglée selon la fortune de l'époux prédécédé (1481).

En général, la femme n'est tenue que de la moitié des dettes de la communauté lorsqu'un inventaire exact a été fait; et, dans ce cas, fût-elle engagée personnellement, elle ne peut être poursuivie et forcée de payer au-delà de sa moitié (1487).

Mais s'il n'y a point eu d'inventaire, ou si elle s'est engagée solidairement avec son mari, le créancier peut la poursuivre pour la moitié de sa créance, sauf à elle à recourir pour son indemnité, contre les héritiers de son mari.

Il en est de même pour ses créanciers personnels, c'est-à-dire pour toutes les dettes qui procèdent de son chef, soit dettes antérieures au mariage, soit dettes qui dépendent des successions qui lui sont échues.

Elle peut être également poursuivie pour la totalité de ses dettes, sauf son recours pour ce qu'elle paie au-delà de sa portion et en l'acquit de la communauté (1486, 1487). Elle n'a pour cet excédant aucun droit de répétition contre le créancier, à moins que la quittance n'exprime que ce qu'elle a payé était pour la moitié dont elle était chargée (1488).

Il faut remarquer toutefois que, dans le cas de dissolution de la communauté par la séparation de biens judiciaire, la femme n'a point le droit de réclamer pendant la vie de son mari, son préciput, les autres avantages dont elle ne doit jouir qu'après sa mort, et en général tout ce que l'on comprend sous le nom de *gains de survie* (1452).

§ II. *Restitution de la dot.*

Après la dissolution du mariage, la dot de la femme mariée sous le régime dotal doit lui être restituée. La restitution de la dot peut être demandée sans délai, si elle consistait en immeubles.

Lorsqu'elle consiste en meubles ou en argent, elle ne peut l'être, à quelques exceptions près, qu'un an après cette époque (1564, 1565);

mais, pendant cette année, la femme, outre les frais de son deuil, reçoit aux dépens de la succession de son mari l'habitation et les intérêts de sa dot, ou, à son choix, la subsistance convenable à son état et à ses facultés (1570).

Lorsque les meubles dotaux appartenant à la femme ont péri sans la faute du mari administrateur, il ne rend que ceux qui restent, et dans l'état où ils se trouvent (1566).

Si le mariage a duré dix ans depuis l'échéance des termes pris pour le paiement de la dot, la femme, pour la répéter, n'est pas tenue de prouver que le mari l'a reçue en effet (1569).

§ III. *Reprises de la femme quand il y a exclusion de communauté.*

Lorsque les époux se sont mariés sans communauté, le mari, qui avait l'administration des biens meubles et immeubles de la femme, ainsi que nous l'avons dit plus haut, doit les restituer après la dissolution du mariage ou après la séparation de biens prononcée par justice (1531).

Si, dans les objets mobiliers apportés en dot par la femme, ou qui lui sont échus pendant le mariage, il se trouvait des choses dont on ne peut faire usage sans les consommer, le mari en doit rendre le prix d'après l'estimation qui a dû en être faite soit dans un état estimatif joint au contrat de mariage, soit dans un inventaire fait lorsque ces objets sont échus à la femme (1532).

Lorsque les époux ont stipulé par leur contrat qu'ils seraient séparés de biens, la femme ayant conservé l'administration et la jouissance exclusive de tous ses biens, et les ayant ainsi toujours conservés en ses mains, n'a aucune reprise à exercer contre les héritiers du mari.

CHAPITRE XVII.

DE L'HYPOTHÈQUE LÉGALE.

Dans chacun des systèmes que la loi a permis aux époux de choisir pour régler leurs conventions matrimoniales, on remarque l'intention d'entourer la femme d'une protection particulière. Mais, pour rendre cette protection véritablement efficace, elle a accordé aux femmes un privilège spécial dont nous avons différé jusqu'ici de faire mention parce qu'il s'applique également à la communauté légale ou conventionnelle, à l'exclusion de communauté et au régime dotal, et qu'il a pour effet d'assurer l'exécution de toutes les obligations du mari.

Du jour de la célébration du mariage, la femme a de plein droit, par la seule force de la loi, une hypothèque légale qui frappe sur tous les biens présens et à venir du mari pour raison de la dot qu'elle lui a apportée, ainsi que pour les dons et avantages qu'il lui a faits par contrat de mariage (2135).

Si, postérieurement à la célébration, il lui échoit des successions, ou s'il lui est fait des donations, elle jouit du bénéfice de l'hypothèque légale pour tous les biens qui en proviennent, à compter du jour où elle les a recueillies (2135).

Si elle contracte des dettes solidairement avec son mari, ou s'il est vendu des biens immeubles qui lui étaient personnels, elle n'a hypothèque pour l'indemnité de ces dettes ou le remploi de ses propres aliénés qu'à compter du jour de l'obligation ou de la vente (2135).

L'hypothèque légale, à la différence de toutes les autres, n'a pas besoin, pour avoir son effet, d'être inscrite sur les registres publics du conservateur (2135).

Elle assure à la femme, en cas de concours avec plusieurs créanciers de son mari, le droit de passer avant tous ceux, même hypothécaires, qui seraient postérieurs au mariage.

CHAPITRE XVIII.

DE LA FEMME VEUVE, DE SES DROITS SUR LA PERSONNE ET LES BIENS DE SES ENFANS.

La mort naturelle ou civile du mari rend à la femme toute son indépendance personnelle et l'usage libre de tous ses droits civils qu'elle avait abdiqués, en partie au moins, au profit de son mari; et, même à l'égard des enfans, elle remplace le père dans l'exercice de la puissance paternelle.

S'il existe des enfans du mariage encore mineurs; la tutelle appartient de plein droit à la mère veuve (390). Le mari a pu toutefois lui donner un conseil spécial, sans l'avis duquel elle ne peut faire soit tous les actes, soit seulement certains actes déterminés relatifs à la tutelle (491).

Elle peut, si elle le juge à propos, ne point accepter cette tutelle, qui lui est déférée par la loi; mais alors elle doit en remplir les devoirs jusqu'à ce qu'elle ait fait convoquer un conseil de famille pour faire nommer un tuteur.

Si elle accepte au contraire, avant d'entrer en fonctions elle doit encore faire assembler ce même conseil pour la nomination du subrogé-tuteur * (394, 421).

Enfin, elle peut, dans la prévoyance du cas où elle mourrait avant la majorité de ses enfans, leur choisir un tuteur parent ou même étranger (397).

La mère veuve exerce sur ses enfans, jusqu'à leur majorité ou émancipation, la puissance paternelle qui durant le mariage était exercée exclusivement par le mari. Ainsi, elle a droit d'ordonner tout ce qui concerne leur éducation. Ils ne peuvent, sans son consentement, quitter la maison maternelle, si ce n'est pour enrôlement volontaire, après l'âge de dix-huit ans révolus (837).

Si elle a des sujets de mécontentement graves contre un de ses enfans, elle peut, avec le concours des deux plus proches parens paternels, requérir la détention de cet enfant pendant six mois ; elle doit pour cela s'adresser au président du tribunal, qui peut refuser l'ordre d'arrestation ou l'accorder pour un temps moins long que ne l'a demandé la mère (382, 377).

Elle a de plein droit l'administration des biens de ses enfans (390), et même jusqu'à l'âge de dix-huit ans ou jusqu'à leur émancipation, qu'elle peut leur accorder à quinze ans révolus (477);

* Voyez ce mot dans le *Vocabulaire*.

elle a la jouissance des revenus de tous les biens qui leur appartiennent, sans être tenue d'en rendre compte (384), à la charge toutefois de leur fournir la nourriture, l'entretien et l'éducation d'une manière conforme à l'importance de leur fortune (384).

Lorsqu'ils ont atteint leur dix-huitième année, elle n'a plus que la simple administration de leurs biens ; elle est comptable des revenus comme les tuteurs ordinaires ; bien entendu qu'elle prend comme eux, sur les biens de l'enfant, de quoi fournir à son entretien (469).

CHAPITRE XIX.

DU CAS OU LA FEMME EST HÉRITIÈRE DE SON MARI.

Lorsque le mari ne laisse ni parens successibles, c'est-à-dire au douzième degré, ni enfant naturel, les biens de sa succession appartiennent à la femme qui lui survit (767).

Cependant, comme elle ne succède ainsi qu'à défaut de parens et par une espèce de faveur, elle n'acquiert un droit définitif de propriété sur la succession que lorsqu'on ne peut plus douter qu'il n'existe aucun héritier légitime ou naturel. C'est pourquoi la veuve doit accomplir diverses formalités pour constater la valeur des biens de son mari et en assurer la restitution à ses héritiers, s'il s'en présentait. Ainsi, elle doit faire apposer les scellés, procéder à un inventaire, se faire envoyer en possession par le tribunal, donner pour la valeur du mobilier une caution qui n'est déchargée qu'après trois ans (769, 770, 771).

Si elle n'avait point rempli ces formalités, elle pourrait être condamnée à des dommages-intérêts envers les parens du mari, dans le cas où il en reparaîtrait.

CHAPITRE XX.

DU CONVOL EN SECONDES NOCES.

La femme veuve peut contracter un second mariage, mais les bonnes mœurs et l'honnêteté publique ne permettaient pas qu'elle pût convoler à de secondes noces avant d'avoir laissé écouler un intervalle assez long pour amener le terme de la grossesse dans le cas où elle existerait. Ce délai était autrefois d'un an, on l'appelait *l'an de deuil*. Mais le Code civil a pensé que dix mois suffisaient pour rassurer toute présomption capable d'alarmer la décence et l'honnêteté (228).

Les dispositions qui exigent le consentement des pères, mères ou ascendans, pour un premier mariage, sont également applicables à un second.

La veuve qui n'a point d'enfans d'un précédent mariage, peut donner à son second mari tout ce qu'elle pourrait donner à un premier (1094); mais celle qui a des enfans ne peut donner à son nouvel époux qu'une part d'enfant légitime le moins prenant, et sans que dans aucun cas cette part puisse excéder le quart des biens de la veuve (1098).

Si elle est encore tutrice de ses enfans, elle doit, avant son mariage, faire assembler un conseil de famille pour se faire confirmer dans la tutelle (395); et, dans ce cas, le conseil de famille lui donnera nécessairement pour cotuteur son second mari; mais elle n'en perdra pas moins tout droit à la jouissance légale des biens de ses enfans (386), et elle est tenue d'en comprendre tous les revenus dans le compte de tutelle qu'elle est obligée de leur rendre.

CHAPITRE XXI.

DE LA FEMME MARCHANDE PUBLIQUE.

Ce que nous avons dit jusqu'ici forme en quelque sorte le droit commun de toutes les femmes, et détermine d'une manière précise les droits et les obligations qu'elles sont, pour la plupart, appelées à exercer et à remplir. Mais il est des cas particuliers où les règles générales que nous avons exposées, subissent de graves et importantes modifications : nous voulons parler du cas où la femme fait personnellement le commerce, et de celui où elle est mariée à un commerçant. Si les dispositions exceptionnelles que renferme à cet égard le Code de commerce ne sont pas d'une importance égale pour toutes les femmes, elles en intéressent vivement un très-grand nombre, et à ce titre elles doivent obtenir quelques pages dans un ouvrage où l'on s'est proposé de réunir tout ce qui pouvait offrir quelque utilité à leur sexe.

La femme n'est pas seulement capable de se li-

vrer aux soins domestiques, de veiller aux détails
du ménage, à l'éducation première des enfans,
sans parler de ces talens agréables qui lui pro-
curent dans le monde des succès brillans, au sein
de sa famille des applaudissemens plus précieux
pour elle, et des délassemens pleins de charmes ;
on la voit souvent déployer des talens utiles, et
par son intelligence, son activité, contribuer non
moins puissamment que l'homme lui-même à la
prospérité commune.

Douée d'une finesse d'esprit singulière ; formée
de bonne heure à cette vigilance attentive, à cet
esprit d'ordre et d'économie dont elle a contracté l'habitude dans l'administration du ménage ;
elle réunit toutes les conditions nécessaires, sinon pour entreprendre avec succès de grandes
spéculations et se livrer aux plus hautes combinai-
sons du commerce, au moins pour diriger avec
prudence les opérations commerciales moins éten-
dues et moins périlleuses.

Aussi nous voyons tous les jours les femmes
exercer la plus heureuse influence sur les affaires
de leurs maris ; quelquefois elles remplissent auprès
d'eux le rôle d'un conseiller plein de sagesse et de
prévoyance ; elles leur font apercevoir, dans les
plans les mieux combinés en apparence, des périls,
des risques et des chances de pertes ; elles modè-
rent, par les lumières d'une raison vive et libre de
toute préoccupation, ce génie des spéculations,

cet esprit d'entreprise , faculté brillante , sorte d'imagination des commerçans, qui seule inspire de vastes conceptions et assure de grands succès, mais qui, comme l'imagination poétique, peut avoir ses écarts , et a besoin d'être renfermée dans de justes limites.

Souvent elles prennent dans les affaires de leurs maris une part plus directe et plus active ; elles s'acquittent avec autant d'intelligence que de zèle de la surveillance intérieure , des recettes et des paiemens, de la tenue des livres, de la correspondance ; et , au moyen de cette utile coopération, le manufacturier peut s'occuper avec plus d'assiduité et de succès des travaux de sa fabrique, de la direction de ses ouvriers, le négociant de l'acquisition et de la vente des marchandises et des voyages.

Enfin il est des cas fort nombreux, dans la capitale surtout , où les femmes , soit avant, soit pendant leur mariage, se livrent seules et sans la coopération de leur mari à un négoce souvent fort étendu , et que leur intelligence et leur industrie font prospérer.

Il est même plusieurs branches de commerce qui par leur nature sont exclusivement réservées aux femmes. Permis sans doute à un philosophe ou à un moraliste sévère de considérer des tissus légers, des chiffons élégans , des rubans attachés avec art, comme de misérables frivolités ; mais ces frivolités misérables enrichissent les mains habiles qui savent les construire ; elles s'expédient chaque jour pour toutes les capitales de l'Europe ; elles s'échangent contre les roubles de Russie, les florins d'Autriche, les guinées d'Angleterre ; elles traversent les mers, et retrouvant sur les rives de l'Amérique une fraîcheur nouvelle, long-temps après que leur règne est passé en France, que leur nom même est oublié à Paris, elles excitent encore l'admiration dans les salons de New-York ou sur les promenades de Lima, et soutiennent sur ces rivages lointains la gloire de l'industrie française : car, plus heureux sous ce rapport que sous tant d'autres, nous n'avons point à redouter la dangereuse concurrence de nos voisins d'outre-mer ; et, selon l'observation d'un auteur très-grave, qui sans doute ne se serait pas donné la peine inutile de glisser une galanterie au milieu d'un traité d'économie politique, dans les branches de commerce qui sont spécialement exploitées par les femmes, la France a, sur toute les autres nations, une incontestable supériorité.

Loin de gêner l'industrie de la femme dans ses développemens, la loi a donc dû l'encourager et la protéger. Nous allons faire connaître d'abord les dispositions relatives à la femme marchande. Nous nous occuperons dans le chapitre suivant de la femme mariée à un négociant.

La femme est légalement aussi capable que l'homme de se livrer au commerce. C'est une conséquence du principe déjà plusieurs fois répété dans le cours de cet ouvrage, que la femme, quand elle a acquis la plénitude de ses droits par la majorité, et qu'elle n'en a pas perdu le libre exercice par le mariage, est habile à faire toutes les transactions de la vie civile.

Et même le législateur, dans son attentive sollicitude pour les intérêts de la femme, a jugé à propos d'apporter, en faveur du commerce, une restriction à l'incapacité générale, dont la loi civile frappe la femme mineure ou mariée. Cependant le désir de maintenir la puissance maritale et de protéger la femme contre les dangers de la jeunesse et de l'inexpérience, a fait établir des formalités qu'elle doit remplir avant de se livrer aux opérations de commerce.

Avant de s'établir marchande publique, la femme doit remplir trois conditions. Il faut d'abord qu'elle soit âgée de dix-huit ans accomplis ; qu'elle ait été émancipée, soit dans les formes ordinaires, soit par le fait de son mariage ; enfin qu'elle ait été autorisée par son père ; et, dans le cas d'interdiction et d'absence du père, par sa mère, ou à défaut du père et de la mère, par une délibération du conseil de famille. Ce n'est point même assez d'obtenir cette autorisation ; elle serait considérée comme de nul effet, si l'acte qui la contient n'était enregistré et affiché au tribunal de commerce du lieu où la femme a l'intention d'établir son domicile (Cod. de com., art. 2).

La femme mineure qui a accompli ces trois conditions est réputée majeure pour tous les actes du négoce qu'elle a été autorisée à entreprendre (Cod. civ., 487). Ainsi elle peut valablement, et sans autorisation nouvelle, non-seulement contracter tous les engagemens, faire toutes les transactions et tous les marchés utiles à son commerce, mais encore intenter et soutenir des procès et même consentir des hypothèques sur ses immeubles pour la sûreté de ses obligations commerciales. Elle pourrait même les vendre ; mais cette vente ne peut être faite qu'aux enchères publiques, devant le tribunal, et après l'observation de toutes les formalités prescrites par la loi pour l'aliénation des biens des autres mineurs (Cod. de com., 6).

Les obligations contractées par la femme qui n'aurait point satisfait à toutes les formalités prescrites, pourraient être déclarées nulles sur sa demande, si elle prouvait qu'elles ne lui ont point profité. Ceux qui auraient contracté avec elle sans s'être préalablement assurés de sa capacité légale, ne pourraient attaquer les actes qu'ils auraient souscrits ; ils useront donc du droit qu'on ne peut leur refuser, de demander à la femme la preuve qu'elle s'est rigoureusement conformée à toutes les conditions qui lui étaient imposées : ainsi elle doit avoir constamment sous la main les pièces qui peuvent en justifier l'accomplissement.

Du principe que la femme mariée, lors même

qu'elle est majeure, ne peut contracter aucun engagement sans être autorisée, il résulte nécessairement qu'elle ne peut sans cette autorisation élever un commerce et faire valablement tous les actes qu'il entraîne (Cod. civ., 220).

Et à cet égard il n'y a point de différence à établir entre la femme mariée sous le régime de la communauté et celle qui est mariée sous le régime dotal, ou avec séparation de biens. Les conventions matrimoniales, destinées à régir la fortune des époux, ne peuvent porter atteinte à l'autorité maritale qui dérive du mariage même et à laquelle le mari ne serait pas libre de renoncer (Cod. civ., 1388).

Mais dans le cas où celui-ci refuserait son consentement, la femme pourrait-elle, comme dans les autres cas, demander l'autorisation de la justice? C'est une question grave que notre législation commerciale n'a point résolue et que nous ne nous permettrons pas de trancher. Il nous semble toutefois, et sauf quelques exceptions fort rares, que l'autorité du mari ne pourrait être remplacée par celle du magistrat.

Lorsque la femme est devenue marchande publique avec l'agrément de son mari, elle n'a plus besoin d'obtenir une autorisation particulière pour chacun des actes que comprend son commerce : la rapidité extrême qu'exigent les transactions commerciales ne permet pas d'avoir sans cesse recours à cette formalité ; et d'ailleurs tous les cas particuliers sont renfermés dans l'autorisation générale du mari ; il est censé les avoir prévus : c'est le cas de lui appliquer cette maxime triviale : Qui veut la fin, veut les moyens.

Ce consentement n'a pas même besoin d'être donné par écrit; en souffrant que la femme fasse le commerce sous ses yeux et souvent même dans la maison commune, il est censé approuver ce qu'il n'empêche point.

La femme mariée commerçante peut, comme la mineure marchande publique, faire toute espèce de ventes et marchés, d'emprunts, souscrire, endosser et accepter des lettres de change, hypothéquer ses immeubles. Elle peut de plus les vendre sans employer les formalités judiciaires (Cod. de com., 7).

Toutefois, quand elle est mariée sous le régime dotal, elle ne peut hypothéquer ou aliéner ses biens dotaux que dans le cas et avec les formes réglées par le Code civil. Elle peut faire faire des protêts, faire saisir les meubles de ses débiteurs, les assigner à comparaître devant les tribunaux; mais elle ne peut elle-même se présenter devant les juges pour faire prononcer des condamnations contre eux, sans l'autorisation ou l'assistance de son mari.

Lorsque la femme est commune en biens, les obligations commerciales contractées par elle engagent son mari, qui se trouve ainsi devenir à l'égard des tiers son associé ou sa caution solidaire; elle engage à plus forte raison les biens de la communauté (Cod. de com., 5), laquelle doit supporter les suites des engagemens commercia de de la femme, puisqu'elle profite de tout ce que la femme acquiert par son industrie (Cod. civ., 1401, 1426).

L'autorisation générale du mari, en donnant à la femme toute la latitude nécessaire pour faire prospérer son commerce et assurer son crédit, ne peut être valablement étendue par elle à des opérations étrangères à ce commerce. Ainsi, qu'elle fasse des emprunts, qu'elle hypothèque ses immeubles, qu'elle les vende sans en employer le produit dans les affaires de son négoce, ou même qu'elle en fasse usage pour des spéculations qui ne s'y rattachent pas directement, tous ces actes seront de nullité complète, comme ceux que ferait sans autorisation une femme non commerçante.

La femme mineure ou mariée ne doit pas seulement obtenir les autorisations et remplir toutes les formalités dont nous avons parlé, pour faire du commerce sa profession ordinaire; elle en a également besoin pour faire isolément un ou plusieurs des actes qui sont réputés par la loi *actes de commerce* (Cod. de com., 3); et, sous cette dénomination générale, il faut comprendre en première ligne tout achat de denrées et de marchandises pour les revendre, et en outre toute entreprise de manufactures, de commission, de roulage par terre ou transport par eau, toute opération de banque et de change, toute entreprise de fournitures, et tout ce qui se rapporte aux armemens maritimes (Cod. de com., 632, 633).

La femme qui s'adonne au commerce se soumet nécessairement à toutes les conséquences que l'exercice de cette profession entraîne pour les hommes.

Ainsi, elle est obligée de se pourvoir d'une patente, et de payer les droits annuels qui y sont attachés (loi du 1er brumaire an VII); sans cela elle s'exposerait à des amendes plus ou moins considérables, selon la nature de son commerce.

Indépendamment des livres qu'elle peut tenir pour s'éclairer personnellement sur l'état de ses affaires, la loi lui prescrit de tenir, comme tout négociant, un *livre-journal*, un *livre des copies de lettres*, un *livre des inventaires* (Cod. de com., 9).

Tous ces livres doivent être écrits par ordre de dates, sans blancs, lacunes, ni transports en marges. Ils doivent être cotés, paraphés et visés, soit par un des juges du tribunal de commerce, soit par le maire ou l'adjoint (Code de com., 10).

Le Code de commerce, dans son attentive prévoyance, a déterminé ce qui devait être inscrit sur chacun de ces registres.

Le *livre-journal* doit présenter, jour par jour,

ce qui est dû au commerçant, ce qu'il doit lui-même, ses négociations, acceptations ou endossemens d'effets, et généralement tout ce qu'il reçoit et paie à quelque titre que ce soit. Une observation importante pour les femmes qui tiennent le plus souvent un commerce de détail, c'est que, dans ce cas, il suffit de porter en masse, à la fin de chaque jour, le produit des ventes de la journée. Enfin le journal doit énoncer, mois par mois, les sommes employées par le commerçant aux dépenses de sa maison, de sa famille et de son ménage (Cod. de com., 8).

Le livre de *copies de lettres* doit contenir la transcription de toutes celles qu'il envoie; et en même temps, pour que la série de tout ce qu'il traite par correspondance soit complète, il doit mettre en liasse et conserver toutes celles qu'il reçoit (*ibid.*).

Enfin, il est tenu de faire tous les ans, sous seing-privé, un inventaire de ses effets mobiliers et immobiliers, de ce qu'il doit et de ce qui lui est dû, et de le copier année par année sur un registre particulier, appelé pour cette raison *livre des inventaires* (Cod. de com., 9).

Les livres de commerce doivent être conservés pendant dix ans.

La loi laisse la liberté de les tenir, soit en *partie simple,* soit en *partie double.* Quel que soit le mode de comptabilité qu'on adopte, ils ont également la prérogative de faire foi en justice, sauf quelques exceptions (Cod. de com., 11 et 12).

En cas de faillite, celui qui présenterait des livres irrégulièrement tenus, ou qui ne les présenterait pas tous, serait réputé de droit banqueroutier (Cod. de com., 587).

La femme marchande publique est soumise, pour tous les actes relatifs à son négoce, à la juridiction des tribunaux de commerce. Les condamnations prononcées contre elle emporteraient la contrainte par corps. La faveur de son sexe a dû, dans ce cas, céder à la nécessité de donner de sûres garanties à ceux qui contractent avec elle.

Lorsqu'une femme exerçant la profession de commerçante vient à se marier, il doit être affiché dans la salle d'audience des tribunaux civils et de commerce, dans les chambres des notaires et avoués, un extrait de son contrat de mariage, énonçant sous quel régime elle s'est mariée (Cod. de com., 67).

L'exécution de cette formalité est spécialement mise à la charge du notaire contre lequel la loi, en cas d'omission, prononce des peines plus ou moins sévères.

Mais, dans le cas où la femme séparée de biens ou mariée sous le régime dotal embrasserait la profession de commerçante postérieurement à son mariage, c'est alors elle seule qui est tenue de remettre l'extrait de son contrat de mariage dans le mois du jour où elle aura ouvert son commerce, sous peine d'être assimilée, en cas de faillite, aux banqueroutiers frauduleux (Cod. de com., 69).

Enfin, quand durant le mariage intervient entre la femme et son mari une séparation de biens judiciaire, elle doit veiller à ce que le jugement qui la prononce soit lu et affiché publiquement au tribunal de commerce (Cod. de proc., 872). Faute de s'être conformée à cette disposition, la femme ne pourrait exciper contre des tiers de la séparation qu'elle aurait obtenue (Cod. de com., 66).

Ce que nous avons dit jusqu'à présent s'applique à la femme mariée faisant un commerce distinct de celui que son mari peut faire de son côté : on ne répute pas marchande publique celle qui ne fait que détailler les marchandises du commerce de son mari (Cod. de com., 5) : elle est considérée comme son préposé; elle l'engage de la même manière et dans les mêmes circonstances où un commis engage son maître.

Il en est de même, à plus forte raison, dans le cas si fréquent où elle tient les écritures, fait la correspondance, et signe les billets et lettres de change.

9

CHAPITRE XXII.

DES DROITS DE LA FEMME DANS LA FAILLITE DE SON MARI.

Nous avons exposé, dans un des précédens chapitres, les garanties nombreuses accordées à la femme par la législation civile contre son mari pour la sûreté des biens qu'elle a apportés en mariage, de ceux qui lui sont échus par la suite, et en général, pour l'exécution de ses conventions matrimoniales. Mais le Code de commerce a considérablement restreint ces droits et ces avantages à l'égard de la femme dont le mari vient à tomber en état de faillite.

Sans doute ces dispositions exceptionnelles pourront paraître d'une rigueur excessive, puisqu'elles font tomber sur la femme les conséquences fâcheuses d'une administration imprudente qu'elle ne pouvait empêcher, ou de fautes dont elle n'a pas été complice : mais beaucoup de considérations peuvent justifier, ou au moins expliquer l'extrême sévérité du Code de commerce contre l'épouse du commerçant failli.

D'abord il était juste et raisonnable que la femme qui se marie à un négociant, et qui est ainsi appelée à partager l'opulence qu'il peut acquérir par ses spéculations commerciales, fût associée à ses revers comme elle l'avait été à ses espérances.

D'ailleurs, si les droits de la femme étaient respectables, ceux des créanciers légitimes ne l'étaient pas moins ; on a dû prendre des mesures sévères pour qu'ils ne fussent point trompés. On a craint qu'un commerçant de mauvaise foi ne leur dérobât une partie de ses biens, en les faisant passer, à l'aide de simulations frauduleuses, sur la tête de sa femme.

Ces appréhensions, naturelles dans tous les temps, devaient préoccuper plus vivement les rédacteurs du Code de commerce, à une époque où la démoralisation profonde qui avait envahi la France sous le Directoire étendait encore sa funeste influence sur les mœurs publiques.

La révolution, dont tous les cœurs généreux avaient d'abord partagé les principes, trompa tant de nobles espérances, détruisit tant d'illusions honorables, que l'ordre et le repos commençant à renaître après ces crises sanglantes, un dégoût général pour ce qui était élevé, une sorte de mépris pour ce qui était honnête, se répandit sur toutes les classes de la société. Un goût effréné pour le luxe et les plaisirs, une passion démesurée d'acquérir au plus vite une grande fortune pour la dissiper ensuite en frivoles prodigalités, s'empara alors de tous les esprits. Des entreprises gigantesques, des spéculations hasardeuses se formaient avec une incroyable légèreté ; un crédit factice, une confiance aveugle les encourageaient en les rendant faciles ; enfin, selon l'expression d'un homme qui devait bientôt exercer une si puissante influence sur la destinée de la France, « chaque entresol était devenu un bureau d'escompte, et le rez-de-chaussée de chaque maison une boutique. » Si, au milieu de ce désordre, un petit nombre de fortunes s'élevait avec une scandaleuse rapidité, un bien plus grand nombre était dissipé en quelques mois. Les faillites se multipliaient avec une promptitude effrayante : le plus souvent la banqueroute n'était considérée que comme un moyen de s'enrichir plus vite ; et après une ruine apparente, qui ne frappait que leurs créanciers, on voyait des commerçans jouir, sous le nom de leurs femmes, d'une fortune criminellement acquise, et insulter à la pudeur publique par un luxe effronté.

Sous quelque régime que la femme du négociant failli ait été mariée, elle ne peut reprendre en nature que les immeubles qui lui appartenaient au jour du mariage, ou ceux qui lui sont survenus postérieurement par succession, donation ou legs, et qui ne sont point entrés dans la communauté (Cod. de com., 545).

Quant à ceux qui ont été acquis pendant le mariage, bien qu'achetés sous le nom de la femme et déclarés payés de ses deniers, ils font partie de l'actif de la faillite dévolu aux créanciers (Cod. de com., 546).

On suppose en effet que l'acquisition a été faite avec les deniers du mari, et que les énonciations portées dans l'acte n'ont eu pour but que d'en assurer frauduleusement la propriété à la femme.

Cette présomption devrait céder devant la preuve du contraire. Par exemple, s'il était prouvé, par des actes notariés, que les deniers employés provenaient réellement à la femme de donations ou successions à elle échues, elle aurait dans ce cas, et par exception à la règle générale, la faculté de reprendre les immeubles acquis pendant le mariage (Cod. de com., 547).

Elle ne peut rien distraire des objets mobiliers, tels que diamans, tableaux, vaisselle d'or et d'argent, etc., à l'exception seulement des habits et linge à son usage. Dans ce cas encore, on présume que toutes ces choses ont été acquises des deniers du mari seul; mais cette supposition peut aussi être détruite, lorsque le contraire est démontré.

Ainsi, elle peut reprendre les bijoux, diamans et vaisselle d'argent ou d'or qu'elle justifie par acte en bonne forme lui avoir été donnés par contrat de mariage ; ou lui être advenus par succession. Mais la prohibition générale ne cesse que pour ces objets, qui sont plus spécialement à l'usage de la femme ; quant à tous les autres objets mobiliers, elle prouverait vainement qu'ils lui appartiennent en propre.

Si, au mépris de ces dispositions, elle détournait des objets dévolus au créancier, elle serait poursuivie judiciairement (Cod. de com., 554).

Elle est déchue de tous les dons et avantages dont elle avait été gratifiée par contrat de mariage, ou au moins elle ne peut les exercer qu'après tous les créanciers payés (Cod. de com., 551).

Enfin, et c'est en ce point que sa position diffère surtout de celle de la femme dont le mari n'est pas commerçant, elle n'a d'hypothèque légale, pour les reprises de toute nature qu'elle peut avoir à exercer contre lui, que sur les biens qui lui appartenaient lors de la célébration du mariage.

Elle ne peut exercer aucun privilège sur les biens acquis postérieurement (Cod. com., 549), parce que ces biens sont censés achetés avec l'argent des créanciers, qui pour cette raison sont préférés à la femme.

Toutes les dispositions qu'on vient d'analyser s'appliquent non-seulement à la femme qui épouse un commerçant, mais encore à celle dont le mari, fils de commerçant, sans profession déterminée au moment du mariage, prend par la suite celle de négociant ; ou bien encore à celle dont le mari n'étant ni commerçant, ni fils de commerçant, entreprendrait le commerce dans l'année de son mariage (Cod. de com., 552, 553).

Il faut bien remarquer que ces dérogations au droit commun, introduites par le Code de commerce, ne s'appliquent point aux femmes qui se sont mariées sous la foi de l'ancienne législation. Ainsi, toutes celles dont le mariage est antérieur au 12 septembre 1807, époque de la promulgation du titre du Code de commerce relatif aux faillites, conservent l'intégralité des droits que leur assurent leurs conventions matrimoniales.

CHAPITRE XXIII.

DES DROITS DE LA FEMME D'UN AUTEUR SUR LES OUVRAGES DE SON MARI.

Avant la révolution, aucune loi n'assurait d'une manière précise les droits des auteurs sur le produit de la vente de leurs ouvrages. Un livre, un tableau, une composition musicale reproduits et multipliés à l'infini par l'impression ou la gravure, enrichissaient les imprimeurs, les libraires, les graveurs, les marchands de musique et d'estampes; mais l'écrivain, le peintre, le compositeur, n'en retiraient le plus souvent qu'une gloire stérile. Placés ainsi hors du principe en vertu duquel chacun dans la société a le droit de vivre du fruit de son travail, ils étaient réduits à demander des pensions et à recevoir de la libéralité du prince ou de ses ministres, la compensation de ce que leur enlevait l'imprévoyance ou l'injustice de la loi.

L'Assemblée constituante a fait cesser un état de choses qui blessait à la fois l'indépendance, c'est-à-

dire la dignité des lettres et des arts et les principes de l'équité naturelle. Par une loi du 19 juil-
let 1789, elle accorda aux auteurs d'écrits en tout
genre, aux compositeurs de musique, aux peintres
et dessinateurs qui font graver des tableaux ou
dessins, le droit exclusif, leur vie durant, de
vendre, faire vendre, distribuer leurs ouvrages
dans tout le territoire français, et, dans le cas où ils
n'en voudraient pas opérer par eux-mêmes la vente
et la distribution, d'en céder la propriété en tout
ou en partie à telle personne et moyennant tel
prix qu'ils jugeraient convenable.

Aux termes d'un décret du 5 février 1810, le
privilège accordé à l'auteur pour la vente de ses
ouvrages, est garanti à sa veuve, sa vie durant,
dans le cas où les conventions matrimoniales de
cette dernière lui en donneraient le droit.

Mais que faut-il entendre par ces dernières ex-
pressions ?

Nous avons consulté, sur ce point, celui des
avocats du barreau de Paris qui possède les connaissances les plus approfondies soit sur la théorie, soit sur l'application de la législation relative
aux droits des auteurs. Il nous a répondu qu'il lui
paraissait impossible d'interpréter d'une manière
satisfaisante les termes vagues et obscurs du décret de 1811 ; que cependant la femme pourrait in-
contestablement invoquer le bénéfice de ce décret,
si son contrat de mariage contenait à cet égard une

clause expresse, ou si elle était instituée par ce contrat donataire de tous les biens, ou seulement de tous les biens meubles de son mari.

Nous n'ajouterons rien à cette réponse, seulement nous dirons que toute femme qui épouse un écrivain, un peintre, un compositeur, ou toute autre personne qui livre ses ouvrages au public, doit faire insérer dans son contrat de mariage une clause formelle qui lui garantisse la survivance des droits d'auteur sur les œuvres de son mari. Par ce moyen, elle s'assurera, pour le cas où elle resterait veuve, la jouissance d'un privilège, souvent très-productif, sans porter le moindre préjudice soit à ses enfans, soit aux autres parens de son mari. En effet, ils n'en conserveront pas moins la prérogative qui leur est accordée par la loi, d'exercer à leur tour des droits d'auteur, les premiers pendant vingt, les seconds pendant dix années ; seulement au lieu d'entrer en possession après la mort de l'auteur, ils seront obligés d'attendre la mort de sa veuve. Ainsi la jouissance de cette dernière ne tournera en définitive qu'au détriment des libraires et du public qui seront plus long-temps forcés de payer une rétribution à la famille de l'auteur.

CHAPITRE XXIV.

NOTIONS SUR LES DIFFÉRENS ACTES QUE LA FEMME
EST APPELÉE A FAIRE LORSQU'ELLE A LA DISPO-
SITION ET L'ADMINISTRATION DE SES BIENS.

Nous avons vu, dans les chapitres précédens,
que la femme régit et administre seule sa fortune ;
lorsqu'il s'écoule un intervalle entre sa majorité et
son mariage, lorsqu'elle survit à son mari et reste
veuve. Pendant la durée du mariage, elle exerce
des droits semblables, quoique moins étendus,
lorsque la séparation de biens a été prononcée entre elle et son mari ; lorsqu'étant mariée sous le régime dotal, elle possède des biens paraphernaux.
Enfin elle régit les biens de son mari lui-même,
quand il a été interdit pour cause d'imbécillité, de
démence ou de fureur, et qu'elle lui a été donnée
pour tutrice.

Dans tous ces cas, la femme doit passer des
baux, donner des procurations, faire des prêts,
des emprunts, des ventes, soit d'objets mobiliers,

soit de biens-fonds. Il lui est donc nécessaire de connaître les principales dispositions de la loi sur chacun de ces actes. Pour ne pas interrompre le fil des idées, nous ne sommes point encore entrés dans le détail de ces règles : nous nous appliquerons ici à réparer cette omission volontaire.

§ I. *Du bail.*

On appelle *bail à loyer*, le louage des maisons et celui des meubles, et *bail à ferme*, celui des héritages ruraux (1711).

Ces deux sortes de baux sont soumis à plusieurs règles qui leur sont communes, et que nous allons d'abord faire connaître.

En principe général, on peut louer par écrit ou verbalement (1714) ; mais nos lectrices comprendront sans peine que le bail par écrit doit dans tous les cas avoir la préférence.

Le locataire, ou, selon l'expression du Code civil, le preneur a droit de sous-louer ou de céder son bail à un autre, si cette faculté ne lui a été interdite (1717).

Le propriétaire, ou, pour nous servir encore des termes de la loi, le bailleur est tenu, sans qu'il soit besoin d'aucune stipulation particulière, de faire jouir paisiblement le preneur de la chose louée pendant la durée du bail, et d'entretenir cette chose en état de servir à l'usage pour lequel elle a été louée (1719). Ainsi, il doit faire toutes les réparations qui deviennent nécessaires, à l'exception des locatives, qui sont à la charge du preneur (1720).

Ce dernier est tenu de souffrir les réparations qui ne pourraient sans inconvénient être différées jusqu'à la fin du bail, quelque incommodité qu'elles puissent lui causer. Cependant, si elles duraient plus de quarante jours, le prix du bail serait diminué à proportion du temps et de la partie de la chose louée dont elles auraient entravé la jouissance (1724).

Les propriétaires font souvent insérer dans les baux une clause qui déroge à cette disposition de la loi, et leur assure le paiement intégral du loyer, quelle que soit la durée des réparations.

Le preneur est tenu de deux obligations principales : de payer le prix du bail aux termes convenus ; d'user de la chose louée en bon père de famille (1728). Il répond des dégradations qui ont eu lieu pendant sa jouissance, à moins qu'il ne prouve qu'elles ont eu lieu sans qu'il y ait de sa faute (1732).

Si le bail a été fait sans écrit, une partie ne peut donner congé à l'autre qu'en observant les délais prescrits par l'usage des lieux (1736) : mais, s'il a été fait par écrit, il cesse de plein droit à l'expiration du terme fixé, sans qu'il soit nécessaire de donner congé (1738).

Le bail se résout de plein droit quand la chose louée vient à périr (1741).

Parmi les règles particulières aux baux à loyer, la plus importante est celle qui permet d'expulser le locataire qui ne garnit pas la maison de meubles suffisans, à moins qu'il ne donne des sûretés capables de répondre des loyers (1752).

Le Code civil a énuméré les principales réparations de menu entretien dont le locataire est tenu, à moins de convention contraire, et qui, pour cette raison, sont appelées locatives.

Ce sont les réparations à faire aux âtres, chambranles, tablettes des cheminées ; au récrépissement du bas des murailles, dans les appartemens, à la hauteur d'un mètre ; aux pavés et carreaux des chambres, aux vitres, portes, croisées, planches de fermeture des boutiques, gonds, serrures (1754).

Les réparations locatives ne sont pas à la charge du locataire quand elles sont occasionées par vétusté ou force majeure (1755).

Pour prévenir les contestations relativement aux baux d'appartemens meublés qui se font ordinairement sans écrit, le Code a décidé que ces baux seraient réputés à l'année, quand ils auraient été faits à tant par an ; au mois, quand ils auraient été faits à tant par mois ; au jour, s'ils avaient été faits à tant par jour (1758).

Les baux à ferme, qui ordinairement s'appliquent à des propriétés rurales importantes, et se font pour un nombre d'années considérable, doivent être l'objet d'une attention particulière.

Les propriétaires éclairés et vigilans, en laissant à leur fermier toute la latitude nécessaire, pour se livrer à une culture variée et productive, pour mettre en pratique les innovations dont l'expérience a constaté l'utilité, prennent cependant des mesures pour que leurs héritages ne soient point dépréciés, pour qu'un fermier avide ne les épuise point en les forçant de produire constamment les mêmes récoltes, en ne leur donnant pas les engrais nécessaires.

Les clauses qu'il convient d'insérer à cet égard dans les baux à ferme, varient suivant la nature et la situation des biens : dans tous les cas, elles exigent des connaissances agricoles, étrangères aux femmes. Aussi le bail à ferme est-il un des actes pour lesquels nous les engageons à avoir recours aux lumières d'un conseil probe et éclairé.

Le prix du bail à ferme, ou fermage, peut être stipulé payable en argent, en denrées, ou bien partie en denrées, partie en argent.

Le premier de ces modes de paiement est souvent le plus avantageux, et, dans tous les cas, le plus commode pour le propriétaire. Il doit surtout être préféré par la femme : il vaut mieux pour elle toucher, à chaque semestre, un revenu clair et net, que d'entasser dans sa cave ou dans ses greniers des denrées dont la conservation exige des soins et des dépenses, dont la vente est souvent lente ou difficile, sur le prix desquelles elle peut être trompée.

Mais à cet égard les propriétaires sont souvent forcés de se conformer à l'usage des lieux.

Si le fermier ne garnit pas le domaine qu'il a loué des bestiaux et des ustensiles nécessaires à son exploitation ; s'il ne le cultive pas en bon père de famille ; s'il en abandonne la culture ; s'il emploie la chose louée à un autre usage que celui auquel elle était destinée, et en général s'il n'exécute pas toutes les clauses du bail, le bailleur peut en demander la résiliation (1766).

Le fermier est tenu d'engranger les récoltes dans les lieux destinés à cet usage par le bail (1767). Il doit, sous peine de dommages et intérêts, avertir le propriétaire dans un bref délai des usurpations qui peuvent être commises sur le fonds (1768).

Il a le droit de demander une remise sur le prix de la location, lorsque la totalité ou la moitié au moins de la récolte d'une année a été enlevée par cas fortuit (1769), à moins qu'il n'ait été chargé de ces cas fortuits par une stipulation expresse (1772).

C'est une habitude constante d'exiger, dans les baux à ferme, l'obligation solidaire du fermier et de sa femme : on ne doit pas négliger cette précaution, lors même que les biens de cette dernière seraient fort modiques ou tout-à-fait nuls. Il importe en effet d'intéresser personnellement l'épouse du fermier au succès de l'exploitation de son mari, car c'est d'elle en grande partie que ce succès dépend. L'intelligence et l'activité du fermier seraient inutiles si une ménagère attentive ne faisait régner l'ordre et l'économie au-dedans de la maison, et ne surveillait, avec une vigilance infatigable, tous les détails de l'administration intérieure. Les habitans de la campagne, qui, dans le cercle étroit des idées qui leur sont familières, se montrent, pour la finesse des observations et la justesse des aperçus, si supérieurs aux hommes d'une éducation plus soignée et d'un esprit plus étendu, ont dès long-temps consacré cette remarque par ce proverbe dont la vérité parfaite doit faire excuser la trivialité ; *que les bonnes femmes font les bonnes maisons.*

Indépendamment de la double garantie que le propriétaire peut se procurer par l'engagement solidaire du fermier et de sa femme, la loi lui assure dans tous les cas, pour les paiemens de ses fermages échus et à échoir, un privilége sur les fruits de la récolte de l'année, sur tout ce qui garnit la ferme et sert à son exploitation, si le bail a été fait devant notaires, ou, si étant sous seings-privés, il a acquis une date certaine.

A défaut de baux notariés, ou lorsque étant sous seings-privés ils n'ont pas une date certaine, ce privilége n'a lieu que pour une année, à partir de l'expiration de l'année courante.

Néanmoins, les sommes dues pour les semences, ou pour les frais de la récolte de l'année, sont payées sur le prix de la récolte, et celles dues pour les ustensiles sur le prix de ces ustensiles, par préférence au propriétaire dans l'un et l'autre cas (2102).

§ II. *Du mandat.*

Une femme qui a été par son génie l'honneur de la France entière, et de son sexe en particulier, madame de Staël appelait le plaisir de voyager le plus triste de tous les plaisirs. Peut-être, en écrivant ces paroles, était-elle involontairement préoccupée du souvenir de tant de courses pénibles auxquelles l'avaient condamnée les défiances d'un pouvoir ridiculement ombrageux; peut-être aussi ne faisait-elle qu'exprimer un sentiment commun à toutes les Françaises. Les dames anglaises accompagnent volontiers leurs maris dans toutes leurs excursions sur le continent; nos compatriotes, plus timides, n'affrontent pas sans effroi les périls d'un voyage de quelques jours, et ne se confient qu'en tremblant à la voiture suspendue qui doit les transporter à quelque distance de leur demeure ordinaire.

La femme qui partagera cette aversion pour les voyages, devra, lorsqu'elle aura une succession à recueillir, des biens à administrer, une affaire à conclure loin de son domicile, se faire représenter par un fondé de procuration.

La procuration que le Code civil appelle encore mandat, est, selon la définition qu'il en donne lui-même, un acte par lequel on confère à une autre personne le pouvoir de faire quelque chose pour soi et en son nom (1984).

Cet acte peut être fait sous seing-privé, ou devant notaires (1985).

On doit choisir pour son mandataire un individu dont les lumières et la probité soient bien connues ; car on est tenu d'exécuter les engagemens contractés par lui (1998).

Nous ne saurions dire combien de femmes ont été victimes d'une confiance trop légèrement accordée.

Elles doivent, dans tous les cas, n'insérer dans les procurations qu'elles donnent que les pouvoirs spécialement nécessaires pour la circonstance, parce que le mandant n'est tenu que conformément au pouvoir qu'il a donné, et non de ce qui a pu être fait au-delà (1998).

Lorsqu'il s'agit d'aliéner, d'hypothéquer ou de faire quelque autre acte de propriété, le mandat doit être exprès (1988).

On peut passer sa procuration, soit à un ami ou

un parent qui l'accepte gratuitement, soit à un homme d'affaires auquel on attribue des honoraires; mais à défaut de conventions contraires, le mandat est gratuit (1986).

On est toujours maître de refuser un mandat; mais une fois qu'on l'a accepté, fût-il gratuit, on est tenu de l'accomplir tant que l'on consent à en demeurer chargé; et on répond des dommages et intérêts qui pourraient résulter de son inexécution (1991).

Le mandataire est responsable non-seulement de la mauvaise foi, mais encore de la négligence avec laquelle il s'acquitte de la gestion et de toutes les fautes qu'il commet par inexpérience ou par légèreté. Néanmoins, cette dernière responsabilité s'applique moins rigoureusement au mandataire qui ne reçoit aucun salaire (1992).

Le mandataire peut transférer la procuration qui lui a été donnée à une autre personne; mais il répond de celui qu'il se substitue, premièrement, quand il n'a pas reçu le pouvoir de se substituer quelqu'un; secondement, quand ce pouvoir lui a été conféré sans désignation de personne, et que celle dont il a fait choix était notoirement incapable ou insolvable (1994).

Il doit, dans tous les cas, rendre compte de sa gestion, et faire raison au mandant de tout ce qu'il a reçu en vertu de sa procuration, quand même ce qu'il a reçu ne serait point dû au mandant (1993).

Celui-ci a de son côté des obligations envers le mandataire. Il doit lui rembourser les avances et frais qu'il a faits pour l'exécution du mandat, et lui payer ses salaires, s'il en a été promis. Il ne peut se dégager de ses obligations, sous prétexte que l'affaire a mal réussi (1999).

Il doit même indemniser le mandataire des pertes que celui-ci a essuyées à l'occasion de la gestion, sans imprudence qui lui soit imputable (2000).

Du reste, il peut, quand bon lui semble, révoquer la procuration (2004); et même la constitution d'un nouveau mandataire pour la même affaire vaut révocation du premier, à compter du jour où elle est notifiée à celui-ci (2006).

Par une juste réciprocité, le mandataire peut renoncer au mandat; mais il doit notifier au mandant sa renonciation (2007).

Le mandat finit par la mort du mandant ou du mandataire (2003).

§ III. *Du prêt sur hypothèque.*

Les fortunes de quelque importance sont ordinairement composées de propriétés foncières et d'argent comptant. Le placement de ces capitaux exige beaucoup de prudence et de précautions.

Le plus sûr en général est de les employer en

rentes sur l'État, ou de les prêter avec hypothèque à des particuliers.

Nous allons faire connaître les règles de ces sortes de prêts.

On peut fixer, pour le remboursement du capital, un terme aussi éloigné qu'on le juge convenable. Le prêteur ne peut redemander la somme prêtée avant l'échéance (1899).

Au contraire, l'emprunteur peut toujours l'anticiper (1186). Il est donc nécessaire, pour n'être point forcé de recevoir, au moment où on s'y attend le moins, les sommes qu'on a placées, de convenir expressément que le débiteur ne pourra se libérer avant l'époque fixée.

Les intérêts sont ordinairement stipulés payables par trois ou six mois ; mais le taux n'en peut dans aucun cas dépasser cinq pour cent (art. 2 de la loi du 3 septembre 1807).

Pour assurer le service des intérêts et le paiement du capital, le prêteur peut exiger de l'emprunteur une hypothèque.

L'effet de l'hypothèque est d'affecter un immeuble à l'acquittement d'une obligation. Elle suit l'immeuble en quelques mains qu'il passe. Elle confère le droit d'en demander la vente pour se faire payer sur le prix.

L'hypothèque ne peut être consentie que par acte passé devant notaire (2128). Il doit être déclaré expressément quelle est la nature et la situation

des immeubles sur lesquels est consentie l'hypothèque.

Les biens à venir ne peuvent être hypothéqués
(2129).

Les hypothèques doivent être inscrites au bureau de conservation des hypothèques de l'arrondissement où sont situés les immeubles hypothéqués (2146).

La date de l'inscription détermine le rang des
créanciers hypothécaires entre eux, de telle sorte
que le premier inscrit est remboursé intégralement
de sa créance sur le prix de l'immeuble, par préférence au second, le second par préférence au
troisième, et ainsi de suite.

Les inscriptions hypothécaires doivent être, sous
peine de déchéance, renouvelées avant la dixième
année de leur date.

§ IV. *De la vente.*

La vente peut être faite par acte sous seings-privés ou par acte notarié.

Cependant nous conseillons à nos lectrices, lorsqu'elles achèteront un immeuble, d'en passer le
contrat devant notaires. Sans doute elles auront
quelques frais de plus à supporter, car tous les
frais de la vente sont à la charge de l'acquéreur

(1593); mais en revanche elles auront l'inappréciable avantage d'assurer leurs droits d'une manière solide, et de se mettre à l'abri des fraudes auxquelles peut donner lieu un écrit sous seings-privés.

La vente est parfaite entre les parties, et la propriété acquise de droit à l'acheteur, à l'égard du vendeur, dès qu'on est convenu de la chose et du prix, quoique la chose n'ait point encore été livrée ni le prix payé (1583). Cependant, à l'égard du vin, de l'huile et des autres choses qu'on est dans l'usage de goûter avant d'en faire l'achat, il n'y a point de vente tant que l'acheteur ne les a pas goûtées et agréées (1587).

La promesse de vente vaut vente (1589); mais si la promesse a été faite avec des arrhes, chacun des contractans est maître de s'en départir; celui qui les a données, en les perdant, et celui qui les a reçues, en restituant le double (1590).

On ne peut vendre les choses dont des lois particulières ont prohibé l'aliénation, ou dont la vente serait contraire aux bonnes mœurs. Ainsi, un juge ne pourrait vendre, soit à un plaideur, soit à toute autre personne, sa voix dans un procès porté devant son tribunal; un député ne pourrait vendre son vote dans la chambre législative, sous quelque forme que le prix dût être payé. En effet, ces conventions, quoique non prohibées par une disposition textuelle de la loi, sont essentiellement contraires à la morale. C'est par des motifs semblables qu'on ne peut vendre la succession d'une personne encore vivante, même de son consentement (1600). Il eût été scandaleux de voir des héritiers spéculer sur la mort de leurs parens, et se partager des dépouilles qui ne leur appartenaient point encore.

Le vendeur a deux obligations principales, celle de délivrer et celle de garantir la chose qu'il vend (1603).

La délivrance consiste à mettre la chose vendue en la possession de l'acheteur, elle s'opère,

S'il s'agit d'immeubles, par la remise des clefs des bâtimens ou des titres de propriété;

S'il s'agit d'effets mobiliers, par la tradition réelle de ces objets, ou par la remise des clefs des bâtimens qui les contiennent;

S'il s'agit d'une créance, ou autre droit semblable, par la remise des titres, ou par l'usage que l'acquéreur en fait du consentement du vendeur (1607).

Cependant l'obligation de délivrer la chose cesse pour le vendeur, si l'acheteur n'en paie pas le prix, dans le cas où il a été stipulé payable comptant, et dans le cas où il a été stipulé payable à terme, quand depuis la vente l'acheteur est tombé en faillite ou dans un état notoire d'insolvabilité; de telle sorte que le vendeur soit en péril imminent de perdre son prix (1612, 1613).

La garantie que le vendeur doit à l'acquéreur a deux objets.

Le premier est la possession paisible de la chose vendue (1625). Cette garantie est de droit; elle n'a pas besoin d'être stipulée dans le contrat (1626). Ainsi, lorsque l'acquéreur est évincé de la chose qu'il avait acquise, il a droit de se faire restituer par le vendeur le prix qu'il lui a payé, et en outre de se faire indemniser des frais et dépenses que cette vente lui a occasionés (1630).

Le second objet de la garantie se rapporte aux défauts cachés de la chose vendue, lorsque ces défauts la rendent impropre à l'usage auquel on la destine, ou diminuent tellement cet usage, que l'acheteur ne l'aurait pas acquise, ou n'en aurait donné qu'un moindre prix s'il les avait connus (1641).

Mais si les vices étaient apparens, le vendeur n'en est point tenu, parce que l'acheteur doit s'imputer de ne les avoir point remarqués. Le vendeur, soit qu'il connût ou ne connût pas les vices de la chose, doit dans tous les cas restituer le prix, et rembourser à l'acquéreur les frais occasionés par la vente (1645, 1646).

La principale obligation de l'acheteur est de payer le prix au jour et au lieu convenus (1659).

S'il ne le fait pas, le vendeur peut demander aux tribunaux de prononcer la nullité de la vente, et les tribunaux la prononcent sur-le-champ, ou accordent, s'ils le jugent à propos, un délai à l'acquéreur. Ce délai passé sans que l'acquéreur ait payé, la résolution de la vente est prononcée (1655).

Si le vendeur a été lésé de plus de sept douzièmes dans le prix d'un immeuble; par exemple, s'il a vendu 4,900 fr. une maison qui valait 12,000 fr., il a le droit de demander la rescision de la vente (1664). Le tribunal la prononce s'il y a lieu, après avoir fait constater par trois experts la valeur de l'immeuble, d'après son état au moment de la vente (1665).

Dans ce cas, l'acquéreur a le choix, ou de rendre la chose en retirant le prix qu'il a payé, ou de garder le fonds en payant le supplément du juste prix, sous la déduction du dixième du prix total (1681).

L'acheteur ne peut jamais demander la rescision, quelque exorbitant que soit le prix qu'il a consenti à payer d'un immeuble (1683). La demande du vendeur lui-même n'est plus recevable après l'expiration de deux années, à compter du jour de la vente (1676).

CHAPITRE XXV.

DE LA CONDITION ACTUELLE DES FEMMES, ET DE LEUR CONDITION SOUS L'ANCIEN RÉGIME.

Après avoir analysé toutes les dispositions législatives qui déterminent les droits et les obligations des femmes; après avoir marqué la place qu'elles occupent maintenant dans la société, peut-être ne sera-t-il pas inutile de faire connaître, par quelques traits généraux, quelle était leur condition sous l'ancien régime.

Il n'est pas rare d'entendre des femmes déjà avancées en âge se plaindre avec amertume du temps présent. A les en croire, en même temps que nos mœurs leur ont enlevé l'ascendant et la considération dont elles jouissaient autrefois, nos lois ont méconnu les droits de leur sexe, et les ont traitées avec injustice et partialité.

Nous sommes loin sans doute d'attribuer ce langage au penchant naturel qui, à une certaine époque de la vie, nous porte involontairement à louer le passé, parce qu'il est associé dans notre esprit à d'heureuses images et à d'agréables souvenirs ; mais, par quelle prévention singulière peut-on préférer le mal qui existait autrefois au bien qui existe maintenant ?

Nous conviendrons, si l'on veut, que nos pères avaient pour les femmes des attentions délicates, une courtoisie aimable qu'on ne retrouve pas au même degré chez leurs fils; mais tous ces hommages pouvaient-ils les dédommager des injustices sans nombre que les lois, et des préjugés plus barbares que les lois, faisaient peser sur elles ?

Les femmes étaient exclues par leurs frères de l'héritage de leurs parens communs. En mariant une fille, on la forçait de signer une renonciation à la succession future de ses père et mère. C'était un usage général; plusieurs coutumes même l'ordonnaient expressément. La femme devait sacrifier tout espoir de fortune à venir, lorsqu'elle avait reçu en mariage la dot la plus modique, ne fût-ce même, pour me servir de l'expression des anciennes lois, *qu'un simple chapeau de roses.*

Combien même n'en voyait-on pas à qui l'on refusait un mariage qui exigeait de si légers sacrifices? Combien de filles, élevées dans les cloîtres, étaient forcées par leur famille d'y passer le reste de leurs jours ? On les contraignait à renoncer au monde avant qu'elles eussent appris à le connaître; on ne consultait, ni leur caractère, ni leur goût : leur vocation, c'était la volonté de leurs parens, c'était la gothique prétention de soutenir avec éclat la gloire d'un nom antique en accumulant toutes les richesses sur la tête d'un fils, et l'on sacrifiait ainsi le bonheur des femmes à la satisfaction d'un orgueil insensé.

Enfin, sous cet ancien régime si vanté, souvent un homme, en adressant une dénonciation calomnieuse à un ministre, en semant l'or dans les bureaux de ce ministre, en se faisant appuyer de quelques intrigues, obtenait contre sa femme une lettre de cachet. Combien de maris usèrent de ce moyen pour se débarrasser d'une compagne dont la présence gênait leurs passions, et assurer ainsi un champ libre et tranquille à leurs habitudes coupables !

Nos lois autorisent-elles ou même tolèrent-elles de si scandaleux abus ? Est-il permis maintenant à un père, pour soutenir la splendeur de sa famille, d'enfermer ses filles dans un cloître ? Non, sans doute. Toute fille est libre de repousser l'état qu'on voudrait lui imposer contre son gré : les tribunaux la protègent contre toute violence.

Une fois mariée, la femme soumise à l'autorité de son mari, comme le veut la nature, n'a rien à redouter de sa jalousie ou de ses caprices : un ordre arbitraire, obtenu par la calomnie et la corruption, ne peut la faire jeter dans une prison d'état.

A la mort de ses père et mère, elle ne voit plus

ses frères usurper sa part héréditaire : elle partage comme eux les biens de la famille.

Nous pourrions pousser plus loin ce parallèle : ce que nous avons dit suffit pour faire voir que le Code civil, loin d'aggraver la condition des femmes, a au contraire réparé ces injustices criantes qu'elles avaient à souffrir sous l'ancien régime ; qu'il les a remises en possession des droits naturels dont on les avait dépouillées ; qu'il leur a accordé des garanties solides pour leurs biens, une protection efficace pour leurs personnes.

FIN DU CODE DES FEMMES.

FORMULES

D'ACTES SOUS SEINGS-PRIVÉS.

RECONNAISSANCE D'ARGENT EMPRUNTÉ.

Je soussignée (noms, prénoms, qualités et demeure) reconnais devoir à M   la somme de   pour prêt qu'il m'a fait. Je m'oblige à lui rendre cette somme le   et à lui en servir les intérêts sur le pied de   par an, payables de six en six mois à partir de ce jour jusqu'au remboursement effectif, le tout en sa demeure.

Paris, ce

BILLET A ORDRE.

Au (désigner l'époque), je paierai à M   ou à son ordre, la somme de   valeur reçue comptant (ou en marchandises, ou en compte, selon les cas).

Paris, ce

(Si le billet est écrit d'une main étrangère, le souscripteur, avant de le signer, mettra : *bon pour la somme de...,* la somme en toutes lettres.)

VENTE DE MEUBLES.

Les soussignés
M. A.
Et M. B.
ont dit et fait ce qui suit :

M. A. vend à M. B. qui l'accepte (désigner les meubles), moyennant la somme de que M. B. s'oblige à payer à M. A., le avec les intérêts à par an, à partir de ce jour jusqu'au paiement, en la demeure de M. A.

Fait double à Paris, ce

BAIL.

Les soussignés
M. A.
Et M. B.
ont dit et fait ce qui suit :

M. A. fait bail pour trois, six ou neuf années, aux choix respectif des parties, en s'avertissant

réciproquement six mois d'avance (ou pour —
années consécutives), lesquelles commenceront à
courir à partir du

A M. B. qui l'accepte, de (désigner les lieux).

Ce bail est fait à la charge par M. B. qui s'y
oblige ,

1° De tenir les lieux loués garnis de meubles
et effets mobiliers en suffisante quantité pour répondre des loyers ;

2° De payer pendant la durée du bail les im-
positions des portes et fenêtres, et de satisfaire
aux charges de ville et de police;

3° De ne pouvoir sous-louer lesdits lieux ni
céder son droit au présent bail sans le consentement du bailleur ;

4° Et de rendre les lieux à la fin du présent
bail conformément à l'état que les parties en fe-
ront dresser entre elles ;

Et en outre, ce bail est fait moyennant
de loyer annuel, que M. B. s'oblige à payer
à M. A., en sa demeure, à Paris, de trois en
trois mois, à partir du (le jour où commencera le
bail) et en espèces au cours de ce jour.

M. A. reconnaît que M. B. lui a payé la
somme de   pour six mois d'avance de
loyer imputables sur les six derniers mois de
jouissance.

Fait double

QUITTANCE DE LOYERS.

*Je reconnais avoir reçu de M. B. la somme de
pour trois mois échus le
du loyer de l'appartement qu'il occupe
dans ma maison, rue*

Paris, ce

QUITTANCE D'INTÉRÊTS.

*Je reconnais avoir reçu de M. B. la somme de
pour le semestre échu le
des intérêts de la somme de
qu'il me doit suivant sa reconnaissance (ou bien
suivant obligation passée devant M., etc.)*

Paris, ce

FORMULE DE TESTAMENT OLOGRAPHE.

*Institue M. (noms, prénoms, qualités) mon lé-
gataire universel en toute propriété.*

Fait à   ce

(Signature de la testatrice.)

FORMULE POUR LE CAS OU ON LAISSE DES ENFANS
OU ASCENDANS.

*Je donne et lègue à M. (noms, prénoms) tout
ce dont la loi me permet de disposer à son profit.*

Fait à   le

(Signature de la testatrice.)

FIN DES FORMULES D'ACTES SOUS SEINGS-PRIVÉS.

ARTICLES

DU CODE CIVIL, DU CODE DE PROCÉDURE, ET DU CODE DE COMMERCE,

CITÉS DANS L'OUVRAGE.

CODE CIVIL.

19. Une femme française qui épousera un étranger suivra la condition de son mari.

Si elle devient veuve, elle recouvrera la qualité de Française, pourvu qu'elle réside en France, ou qu'elle y rentre avec l'autorisation du Roi, et en déclarant qu'elle veut s'y fixer.

23. La condamnation à la mort naturelle emportera la mort civile.

39. Les actes de l'état civil seront signés par l'officier de l'état civil, par les comparans et les témoins, ou mention sera faite de la cause qui empêchera les comparans et les témoins de signer.

63. Avant la célébration du mariage, l'officier de l'état civil fera deux publications, à huit jours d'intervalle, un jour de dimanche, devant la porte de la maison commune. Ces publications, et l'acte qui en sera dressé, énonceront les prénoms, noms, professions et domiciles des futurs

époux, leur qualité de majeurs ou de mineurs, et les prénoms, noms, professions et domiciles do leurs pères et mères. Cet acte énoncera, en outre, les jours, lieux et heures où les publications auront été faites : il sera inscrit sur un seul registre, qui sera coté et paraphé comme il est dit en l'art 41, et déposé, à la fin de chaque année, au greffe du tribunal de l'arrondissement.

65. Si le mariage n'a pas été célébré dans l'année, à compter de l'expiration du délai des publications, il ne pourra plus être célébré qu'après que de nouvelles publications auront été faites dans la forme ci-dessus prescrite.

66. Les actes d'opposition au mariage seront signés sur l'original et sur la copie par les opposans ou par leurs fondés de procuration spéciale ou authentique ; ils seront signifiés, avec la copie de la procuration, à la personne ou au domicile des parties, et à l'officier de l'état civil, qui mettra son *visa* sur l'original.

67. L'officier de l'état civil fera, sans délai, une mention sommaire des oppositions sur le registre des publications ; il fera aussi mention, en marge de l'inscription desdites oppositions, des jugemens ou des actes de main-levée dont expédition lui aura été remise.

68. En cas d'opposition, l'officier de l'état civil ne pourra célébrer le mariage avant qu'on lui en ait remis la main-levée, sous peine de trois cents francs d'amende, et de tous dommages-intérêts.

70. L'officier de l'état civil se fera remettre l'acte de naissance de chacun des futurs époux. Celui des époux qui serait dans l'impossibilité de se le procurer, pourra le suppléer, en rapportant un acte de notoriété délivré par le juge de paix du lieu de sa naissance, ou par celui de son domicile.

71. L'acte de notoriété contiendra la déclaration faite par

sept témoins de l'un ou de l'autre sexe, parens ou non parens, des prénoms, noms, profession et domicile du futur époux, et de ceux de ses père et mère, s'ils sont connus; le lieu, et, autant que possible, l'époque de sa naissance, et les causes qui empêchent d'en rapporter l'acte. Les témoins signeront l'acte de notoriété avec le juge de paix; et s'il en est qui ne puissent ou ne sachent signer, il en sera fait mention.

73. L'acte authentique du consentement des père et mère ou aïeuls et aïeules, ou, à leur défaut, celui de la famille, contiendra les prénoms, noms, profession et domicile du futur époux, et de tous ceux qui auront concouru à l'acte, ainsi que leur degré de parenté.

75. Le jour désigné par les parties après les délais des publications, l'officier de l'état civil, dans la maison commune, en présence de quatre témoins, parens ou non parens, fera lecture aux parties des pièces ci-dessus mentionnées, relatives à leur état et aux formalités du mariage, et du chap. VI du titre *du Mariage* sur *les droits et les devoirs respectifs des époux.* Il recevra de chaque partie, l'une après l'autre, la déclaration qu'elles veulent se prendre pour mari et femme; il prononcera, au nom de la loi, qu'elles sont unies par le mariage, et il en dressera acte sur-le-champ.

103. Le changement de domicile s'opérera par le fait d'une habitation réelle dans un autre lieu, joint à l'intention d'y fixer son principal établissement.

115. Lorsqu'une personne aura cessé de paraître au lieu de son domicile ou de sa résidence, et que depuis quatre ans on n'en aura point eu de nouvelles, les parties intéressées pourront se pourvoir devant le tribunal de première instance, afin que l'absence soit déclarée.

***

118. Le procureur du roi enverra, aussitôt qu'ils seront rendus, les jugemens tant préparatoires que définitifs, au ministre de la justice, qui les rendra publics.

119. Le jugement de déclaration d'absence ne sera rendu qu'un an après le jugement qui aura ordonné l'enquête.

120. Dans le cas où l'absent n'aurait point laissé de procuration pour l'administration de ses biens, ses héritiers présomptifs, au jour de sa disparition ou de ses dernières nouvelles, pourront, en vertu du jugement définitif qui aura déclaré l'absence, se faire envoyer en possession provisoire des biens qui appartenaient à l'absent au jour de son départ ou de ses dernières nouvelles, à la charge de donner caution pour la sûreté de leur administration.

123. Lorsque les héritiers présomptifs auront obtenu l'envoi en possession provisoire, le testament, s'il en existe un, sera ouvert à la réquisition des parties intéressées, ou du procureur du Roi près le tribunal; et les légataires, les donataires, ainsi que tous ceux qui avaient sur les biens de l'absent des droits subordonnés à la condition de son décès, pourront les exercer provisoirement, à la charge de donner caution.

124. L'époux commun en biens, s'il opte pour la continuation de la communauté, pourra empêcher l'envoi provisoire et l'exercice provisoire de tous les droits subordonnés à la condition du décès de l'absent, et prendre ou conserver par préférence l'administration des biens de l'absent. Si l'époux demande la dissolution provisoire de la communauté, il exercera ses reprises et tous ses droits légaux et conventionnels, à la charge de donner caution pour les choses susceptibles de restitution.

La femme, en optant pour la continuation de la communauté, conservera le droit d'y renoncer ensuite.

13g. L'époux absent dont le conjoint a contracté une nouvelle union, sera seul recevable à attaquer ce mariage par lui-même, ou par son fondé de pouvoirs muni de la preuve de son existence.

141. Si le père a disparu laissant des enfans mineurs issus d'un commun mariage, la mère en aura la surveillance, et elle exercera tous les droits du mari, quant à leur éducation et à l'administration de leurs biens.

144. L'homme, avant dix-huit ans révolus, la femme, avant quinze ans révolus, ne peuvent contracter mariage.

145. Néanmoins il est loisible au Roi d'accorder des dispenses d'âge pour des motifs graves.

148. Le fils qui n'a pas atteint l'âge de vingt-cinq ans accomplis, la fille qui n'a pas atteint l'âge de vingt-un ans accomplis, ne peuvent contracter mariage sans le consentement de leurs père et mère. En cas de dissentiment, le consentement du père suffit.

149. Si l'un des deux est mort, ou s'il est dans l'impossibilité de manifester sa volonté, le consentement de l'autre suffit.

150. Si le père et la mère sont morts, ou s'ils sont dans l'impossibilité de manifester leur volonté, les aïeuls et aïeules les remplacent : s'il y a dissentiment entre l'aïeul et l'aïeule de la même ligne, il suffit du consentement de l'aïeul.

S'il y a dissentiment entre les deux lignes, ce partage emportera consentement.

151. Les enfans de famille ayant atteint la majorité fixée par l'art. 148, sont tenus, avant de contracter mariage, de demander, par un acte respectueux et formel, le conseil de leur père et de leur mère, ou celui de leurs aïeuls ou aïeules, lorsque leur père et leur mère sont décédés ou dans l'impossibilité de manifester leur volonté.

152. Depuis la majorité fixée par l'art. 148 jusqu'à l'âge de trente ans accomplis pour les fils, et jusqu'à l'âge de vingt-cinq ans accomplis pour les filles, l'acte respectueux prescrit par l'article précédent, et sur lequel il n'y aurait pas de consentement au mariage, sera renouvelé deux autres fois, de mois en mois; et un mois après le troisième acte, il pourra être passé outre à la célébration du mariage.

153. Après l'âge de trente ans, il pourra être, à défaut de consentement sur un acte respectueux, passé outre, un mois après, à la célébration du mariage.

154. L'acte respectueux sera notifié à celui ou ceux des ascendans désignés en l'art. 659 par deux notaires ou par un notaire et deux témoins; et, dans le procès-verbal qui doit en être dressé, il sera fait mention de la réponse.

163. Le mariage est encore prohibé entre l'oncle et la nièce, la tante et le neveu.

164. Néanmoins il est loisible au Roi de lever, pour des causes graves, les prohibitions portées au précédent article.

165. Le mariage sera célébré publiquement, devant l'officier civil du domicile de l'une des deux parties.

166. Les deux publications ordonnées par l'article 63, titre *des Actes de l'État civil*, seront faites à la municipalité du lieu où chacune des parties contractantes aura son domicile.

167. Néanmoins, si le domicile actuel n'est établi que par six mois de résidence, les publications seront faites en outre à la municipalité du dernier domicile.

168. Si les parties contractantes, ou l'une d'elles, sont, relativement au mariage, sous la puissance d'autrui, les publications seront encore faites à la municipalité du domicile de ceux sous la puissance desquels elles se trouvent.

172. Le droit de former opposition à la célébration du mariage appartient à la personne engagée par mariage avec l'une des deux parties contractantes.

173. Le père, et à défaut du père, la mère, et à défaut des père et mère, les aïeuls et aïeules, peuvent former opposition au mariage de leurs enfans et descendans, encore que ceux-ci aient vingt-cinq ans accomplis.

174. A défaut d'aucun ascendant, le frère ou la sœur, l'oncle ou la tante, le cousin ou la cousine-germaine, majeurs, ne peuvent former aucune opposition que dans les deux cas suivans :

1°. Lorsque le consentement du conseil de famille, requis par l'art. 160, n'a pas été obtenu ;

2°. Lorsque l'opposition est fondée sur l'état de démence du futur époux : cette opposition, dont le tribunal pourra prononcer main-levée pure et simple, ne sera jamais reçue qu'à la charge, par l'opposant, de provoquer l'interdiction, et d'y faire statuer dans le délai qui sera fixé par le jugement.

175. Dans les deux cas prévus par le précédent article, le tuteur ou curateur ne pourra, pendant la durée de la tutèle ou curatelle, former opposition qu'autant qu'il y aura été autorisé par un conseil de famille, qu'il pourra convoquer.

176. Tout acte d'opposition énoncera la qualité qui donne à l'opposant le droit de la former ; il contiendra élection de domicile dans le lieu où le mariage devra être célébré ; il devra également, à moins qu'il ne soit fait à la requête d'un ascendant, contenir les motifs de l'opposition ; le tout à peine de nullité et de l'interdiction de l'officier ministériel qui aurait signé l'acte contenant opposition.

177. Le tribunal de première instance prononcera dans les dix jours sur la demande en main-levée.

181. Dans le cas de l'article précédent, là demande en nullité n'est plus recevable, toutes les fois qu'il y a eu cohabitation continuée pendant six mois depuis que l'époux a acquis sa pleine liberté ou que l'erreur a été par lui reconnue.

182. Le mariage contracté sans le consentement des père et mère, des ascendans, ou du conseil de famille, dans les cas où ce consentement était nécessaire, ne peut être attaqué que par ceux dont le consentement était requis, ou par celui des deux époux qui avait besoin de ce consentement.

183. L'action en nullité ne peut plus être intentée ni par les époux, ni par les parens dont le consentement était requis, toutes les fois que le mariage a été approuvé expressément ou tacitement par ceux dont le consentement était nécessaire, ou lorsqu'il s'est écoulé une année sans réclamation de leur part, depuis qu'ils ont eu connaissance du mariage. Elle ne peut être intentée non plus par l'époux, lorsqu'il s'est écoulé une année sans réclamation de sa part, depuis qu'il a atteint l'âge compétent pour consentir par lui-même au mariage.

184. Tout mariage contracté en contravention aux dispositions contenues aux art. 144, 147, 161, 162 et 163, peut être attaqué soit par les époux eux-mêmes, soit par tous ceux qui y ont intérêt, soit par le ministère public.

185. Néanmoins, le mariage contracté par des époux qui n'avaient point encore l'âge requis, ou dont l'un des deux n'avait point atteint cet âge, ne peut plus être attaqué, 1° lorsqu'il s'est écoulé six mois depuis que cet époux

où les époux ont atteint l'âge compétent ; 2° lorsque la femme qui n'avait point cet âge a conçu avant l'échéance de six mois.

191. Tout mariage qui n'a point été contracté publiquement, et qui n'a point été célébré devant l'officier public compétent, peut être attaqué par les époux eux-mêmes, par les père et mère, par les ascendans, et par tous ceux qui y ont un intérêt né et actuel, ainsi que par le ministère public.

199. Si les époux ou l'un d'eux sont décédés sans avoir découvert la fraude, l'action criminelle peut être intentée par tous ceux qui ont intérêt de faire déclarer le mariage valable, et par le procureur du roi.

200. Si l'officier public est décédé lors de la découverte de la fraude, l'action sera dirigée au civil contre ses héritiers par le procureur du roi, en présence des parties intéressées et sur leur dénonciation.

204. L'enfant n'a pas d'action contre ses père et mère pour un établissement par mariage ou autrement.

205. Les enfans doivent des alimens à leurs père et mère et autres ascendans qui sont dans le besoin.

206. Les gendres et belles-filles doivent également, et dans les mêmes circonstances, des alimens à leurs beau-père et belle-mère ; mais cette obligation cesse, 1° lorsque la belle-mère a convolé en secondes noces ; 2° lorsque celui des époux qui produisait l'affinité, et les enfans issus de son union avec l'autre époux, sont décédés.

207. Les obligations résultant de ces dispositions sont réciproques.

208. Les alimens ne sont accordés que dans la proportion du besoin de celui qui les réclame et de la fortune de celui qui les doit.

212. Les époux se doivent mutuellement fidélité, secours, assistance.

213. Le mari doit protection à sa femme, la femme obéissance à son mari.

214. La femme est obligée d'habiter avec le mari, et de le suivre partout où il juge à propos de résider : le mari est obligé de la recevoir, et de lui fournir tout ce qui est nécessaire pour les besoins de la vie, selon ses facultés et son état.

215. La femme ne peut ester en jugement sans l'autorisation de son mari, quand même elle serait marchande publique, ou non commune, ou séparée de biens.

216. L'autorisation du mari n'est pas nécessaire lorsque la femme est poursuivie en matière criminelle ou de police.

217. La femme même non commune ou séparée de biens, ne peut donner, aliéner, hypothéquer, acquérir, à titre gratuit ou onéreux, sans le concours du mari dans l'acte, ou son consentement par écrit.

218. Si le mari refuse d'autoriser sa femme à ester en jugement, le juge peut donner l'autorisation.

220. La femme, si elle est marchande publique, peut, sans l'autorisation de son mari, s'obliger pour ce qui concerne son négoce ; et, audit cas, elle oblige aussi son mari, s'il y a communauté entre eux.

Elle n'est pas réputée marchande publique, si elle ne fait que détailler les marchandises du commerce de son mari, mais seulement quand elle fait un commerce séparé.

222. Si le mari est interdit ou absent, le juge peut, en connaissance de cause, autoriser la femme, soit pour ester en jugement, soit pour contracter.

225. Toute autorisation générale, même stipulée pa

contrat de mariage, n'est valable que quant à l'administration des biens de la femme.

226. La femme peut tester sans l'autorisation de son mari.

227. Le mariage se dissout,

1° Par la mort de l'un des époux;

2° Par le divorce légalement prononcé;

3° Par la condamnation devenue définitive de l'un des époux à une peine emportant mort civile.

228. La femme ne peut contracter un nouveau mariage qu'après dix mois révolus depuis la dissolution du mariage précédent.

230. La femme pourra demander le divorce pour cause d'adultère de son mari, lorsqu'il aura tenu sa concubine dans la maison commune.

231. Les époux pourront réciproquement demander le divorce pour excès, sévices ou injures graves, de l'un d'eux envers l'autre.

232. La condamnation de l'un des époux à une peine infamante sera pour l'autre époux une cause de divorce.

233. Le consentement mutuel et persévérant des époux, exprimé de la manière prescrite par la loi, sous les conditions et après les épreuves qu'elle détermine, prouvera suffisamment que la vie commune leur est insupportable, et qu'il existe, par rapport à eux, une cause péremptoire de divorce.

267. L'administration provisoire des enfans restera au mari demandeur ou défendeur en divorce, à moins qu'il n'en soit autrement ordonné par le tribunal, sur la demande soit de la mère, soit de la famille, ou du ministère public, pour le plus grand avantage des enfans.

268. La femme demanderesse ou défenderesse en divorce pourra quitter le domicile du mari pendant la pour-

suite, et demander une pension alimentaire proportionnée aux facultés du mari. Le tribunal indiquera la maison dans laquelle la femme sera tenue de résider, et fixera, s'il y a lieu, la provision alimentaire que le mari sera obligé de lui payer.

269. La femme sera tenue de justifier de sa résidence dans la maison indiquée, toutes les fois qu'elle en sera requise : à défaut de cette justification le mari pourra refuser la provision alimentaire, et, si la femme est demanderesse en divorce, la faire déclarer non-recevable à continuer ses poursuites.

270. La femme commune en biens, demanderesse ou défenderesse en divorce, pourra, en tout état de cause, à partir de la date de l'ordonnance dont il est fait mention en l'art. 238, requérir, pour la conservation de ses droits, l'apposition des scellés sur les effets mobiliers de la communauté. Ces scellés ne seront levés qu'en faisant inventaire avec prisée, et à la charge par le mari de représenter les choses inventoriées, ou de répondre de leur valeur comme gardien judiciaire.

307. Elle sera intentée, instruite et jugée de la même manière que toute autre action civile ; elle ne pourra avoir lieu par le consentement mutuel des époux.

311. La séparation de corps emportera toujours la séparation de biens.

348. L'adopté restera dans sa famille naturelle, et y conservera tous ses droits : néanmoins le mariage est prohibé,

Entre l'adoptant, l'adopté et ses descendans ;

Entre les enfans adoptifs du même individu ;

Entre l'adopté et les enfans qui pourraient survenir à l'adoptant ;

Entre l'adopté et le conjoint de l'adoptant, et réciroquement entre l'adoptant et le conjoint de l'adopté.

372. Il reste sous leur autorité jusqu'à sa majorité ou on émancipation.

374. L'enfant ne peut quitter la maison paternelle sans la permission de son père, si ce n'est pour enrôlement volontaire, après l'âge de dix-huit ans révolus.

377. Depuis l'âge de seize ans commencés jusqu'à la majorité où l'émancipation, le père pourra seulement requérir la détention de son enfant pendant six mois au plus; il s'adressera au président dudit tribunal, qui, après en avoir conféré avec le procureur du roi, délivrera l'ordre d'arrestation ou le refusera, et pourra, dans le premier cas, abréger le temps de la détention réquis par le père.

382. Lorsque l'enfant aura des biens personnels, ou lorsqu'il exercera un état, sa détention ne pourra, même au-dessous de seize ans, avoir lieu que par voie de réquisition, en la forme prescrite par l'art. 377.

L'enfant détenu pourra adresser un mémoire au procureur-général près la Cour royale. Celui-ci se fera rendre compte par le procureur du roi près le tribunal de première instance, et fera son rapport au président de la Cour royale, qui, après en avoir donné avis au père, et après avoir recueilli tous les renseignemens, pourra révoquer ou modifier l'ordre délivré par le président du tribunal de première instance.

384. Le père, durant le mariage, et, après la dissolution du mariage, le survivant des père et mère, auront la jouissance des biens de leurs enfans jusqu'à l'âge de dix-huit ans accomplis, ou jusqu'à l'émancipation qui pourrait avoir lieu avant l'âge de dix-huit ans.

386. Cette jouissance n'aura pas lieu au profit de celui des père et mère contre lequel le divorce aurait été pro-

noncé ; et elle cessera à l'égard de la mère dans le cas d'un second mariage.

390. Après la dissolution du mariage arrivée par la mort naturelle ou civile de l'un des époux, la tutèle des enfans mineurs et non émancipés appartient de plein droit au survivant des père et mère.

391. Pourra néanmoins le père nommer à la mère survivante et tutrice un conseil spécial, sans l'avis duquel elle ne pourra faire aucun acte relatif à la tutèle.

Si le père spécifie les actes pour lesquels le conseil sera nommé, la tutrice sera habile à faire les autres sans son assistance.

394. La mère n'est point tenue d'accepter la tutèle ; néanmoins, et en cas qu'elle la refuse, elle devra en remplir les devoirs jusqu'à ce qu'elle ait fait nommer un tuteur.

395. Si la mère tutrice veut se remarier, elle devra, avant l'acte de mariage, convoquer le conseil de famille, qui décidera si la tutèle doit lui être conservée.

A défaut de cette convocation, elle perdra la tutèle de plein droit ; et son nouveau mari sera solidairement responsable de toutes les suites de la tutèle qu'elle aura indûment conservée.

397. Le droit individuel de choisir un tuteur parent, ou même étranger, n'appartient qu'au dernier mourant des père et mère.

405. Lorsqu'un enfant mineur et non émancipé restera sans père, ni mère, ni tuteur élu par ses père et mère, ni ascendans mâles, comme aussi lorsque le tuteur de l'une des qualités ci-dessus exprimées se trouvera ou dans le cas des exclusions dont il sera parlé ci-après, ou valablement excusé, il sera pourvu, par un conseil de famille, à la nomination d'un tuteur.

421. Lorsque les fonctions du tuteur seront dévolues à une personne de l'une des qualités exprimées aux sections I, II et III du présent chapitre, ce tuteur devra, avant d'entrer en fonctions, faire convoquer, pour la nomination du subrogé-tuteur, un conseil de famille composé comme il est dit dans la section IV.

S'il s'est ingéré dans la gestion avant d'avoir rempli cette formalité, le conseil de famille, convoqué, soit sur la réquisition des parens, créanciers ou autres parties intéressées, soit d'office par le juge-de-paix, pourra, s'il y a eu dol de la part du tuteur, lui retirer la tutèle; sans préjudice des indemnités dues au mineur.

469. Tout tuteur est comptable de sa gestion lorsqu'elle finit.

477. Le mineur, même non marié, pourra être émancipé par son père, ou, à défaut du père, par sa mère, lorsqu'il aura atteint l'âge de quinze ans révolus.

Cette émancipation s'opérera par la seule déclaration du père ou de la mère, reçue par le juge-de-paix assisté de son greffier.

481. Le mineur émancipé passera les baux dont la durée n'excédera point neuf ans; il recevra ses revenus, en donnera décharge, et fera tous les actes qui ne sont que de pure administration, sans être restituable contre ces actes dans tous les cas où le majeur ne le serait pas lui-même.

482. Il ne pourra intenter une action immobilière ni y défendre, même recevoir et donner décharge d'un capital mobilier, sans l'assistance de son curateur, qui, au dernier cas, surveillera l'emploi du capital reçu.

483. Le mineur émancipé ne pourra faire d'emprunts, sous aucun prétexte, sans une délibération du conseil de famille, homologuée par le tribunal de première instance, après avoir entendu le procureur du roi.

487. Le mineur émancipé qui fait un commerce, est réputé majeur pour les frais relatifs à ce commerce.

488. La majorité est fixée à vingt-un ans accomplis ; à cet âge on est capable de tous les actes de la vie civile, sauf la restriction portée au titre *du Mariage*.

55t. Tout ce qui s'unit et s'incorpore à la chose appartient au propriétaire, suivant les règles qui seront ci-après établies.

554. Le propriétaire du sol qui a fait des constructions, plantations et ouvrages avec des matériaux qui ne lui appartiennent pas, doit en payer la valeur ; il peut aussi être condamné à des dommages et intérêts s'il y a lieu : mais le propriétaire des matériaux n'a pas droit de les enlever.

555. Lorsque les plantations, constructions et ouvrages ont été faits par un tiers et avec ses matériaux, le propriétaire du fonds a droit ou de les retenir, ou d'obliger ce tiers à les enlever.

Si le propriétaire du fonds demande la suppression des plantations et constructions, elle est aux frais de celui qui les a faites, sans aucune indemnité pour lui ; il peut même être condamné à des dommages et intérêts, s'il y a lieu, pour le préjudice que peut avoir éprouvé le propriétaire du fonds.

Si le propriétaire préfère conserver ces plantations et constructions, il doit le remboursement de la valeur des matériaux et du prix de la main-d'œuvre, sans égard à la plus ou moins grande augmentation de la valeur que le fonds a pu recevoir. Néanmoins, si les plantations, constructions et ouvrages ont été faits par un tiers évincé, qui n'aurait pas été condamné à la restitution des fruits, attendu sa bonne foi, le propriétaire ne pourra demander la suppression desdits ouvrages, plantations et constructions ; mais il aura le choix, ou de rembourser la valeur des matériaux et du prix de la main-d'œuvre, ou de rembourser une somme égale à celle dont le fonds a augmenté de valeur.

767. Lorsque le défunt ne laisse ni parens au degré successible, ni enfans naturels, les biens de sa succession appartiennent au conjoint non divorcé qui lui survit.

769. Le conjoint survivant et l'administration des domaines qui prétendent droit à la succession, sont tenus de faire apposer les scellés, et de faire faire inventaire dans les formes prescrites pour l'acceptation des successions sous bénéfice d'inventaire.

770. Ils doivent demander l'envoi en possession au tribunal de première instance dans le ressort duquel la succession est ouverte. Le tribunal ne peut statuer sur la demande qu'après trois publications et affiches dans les formes usitées, et après avoir entendu le procureur du roi.

771. L'époux survivant est encore tenu de faire emploi du mobilier, ou de donner caution suffisante pour en assurer la restitution, au cas où il se représenterait des héritiers du défunt, dans l'intervalle de trois ans : après ce délai, la caution est déchargée.

774. Une succession peut être acceptée purement et simplement, ou sous bénéfice d'inventaire.

776. Les femmes mariées ne peuvent pas valablement accepter une succession sans l'autorisation de leur mari ou de justice, conformément aux dispositions du chap. VI du titre *du Mariage*. Les successions échues aux mineurs et aux interdits ne pourront être valablement acceptées que conformément aux dispositions du titre *de la Minorité, de la Tutèle et de l'Émancipation*.

778. L'acceptation peut être expresse ou tacite : elle est expresse, quand on prend le titre ou la qualité d'héritier

dans un acte authentique ou privé ; elle est tacite, quand l'héritier fait un acte qui suppose nécessairement son intention d'accepter, et qu'il n'aurait droit de faire qu'en sa qualité d'héritier.

802. L'effet du bénéfice d'inventaire est de donner à l'héritier l'avantage, 1° de n'être tenu du paiement des dettes de la succession que jusqu'à concurrence de la valeur des biens qu'il a recueillis, même de pouvoir se décharger du paiement des dettes, en abandonnant tous les biens de la succession aux créanciers et aux légataires ; 2° de ne pas confondre ses biens personnels avec ceux de la succession, et de conserver contre elle le droit de réclamer le paiement de ses créances.

837. Si, dans les opérations renvoyées devant un notaire, il s'élève des contestations, le notaire dressera procès-verbal des difficultés et des dires respectifs des parties, les renverra devant le commissaire nommé pour le partage ; et, au surplus, il sera procédé suivant les formes prescrites par les lois sur la procédure.

878. Ils peuvent demander, dans tous les cas, et contre tout créancier, la séparation du patrimoine du défunt d'avec le patrimoine de l'héritier.

905. La femme mariée ne pourra donner entre-vifs sans l'assistance ou le consentement spécial de son mari, ou sans y être autorisée par la justice, conformément à ce qui est prescrit par les art. 217 et 219, au titre *du Mariage*. — Elle n'aura besoin ni du consentement du mari, ni d'autorisation de la justice, pour disposer par le testament.

913. Les libéralités, soit par actes entre-vifs, soit par testament, ne pourront excéder la moitié des biens du disposant, s'il ne laisse à son décès qu'un enfant légitime ; le

tiers, s'il laisse deux enfans; le quart, s'il en laisse trois ou un plus grand nombre.

915. Les libéralités, par acte entre-vifs ou par testament, ne pourront excéder la moitié des biens, si, à défaut d'enfans, le défunt laisse un ou plusieurs ascendans dans chacune des lignes paternelle et maternelle; et les trois quarts, s'il ne laisse d'ascendans que dans une ligne. Les biens ainsi réservés au profit des ascendans seront par eux recueillis dans l'ordre où la loi les appelle à succéder; ils auront seuls droits à cette réserve, dans tous les cas où un partage en concurrence avec des collatéraux ne leur donnerait pas la quotité de biens à laquelle elle est fixée.

916. A défaut d'ascendans et de descendans, des libéralités par actes entre-vifs ou testamentaires pourront épuiser la totalité des biens.

969. Un testament pourra être olographe, ou fait par acte public ou dans la forme mystique.

970. Le testament olographe ne sera point valable, s'il n'est écrit en entier, daté et signé de la main du testateur. Il n'est assujetti à aucune autre forme.

1001. Les formalités auxquelles les divers testamens sont assujettis par les dispositions de la présente section et de la précédente, doivent être observées à peine de nullité.

1083. La donation, dans la forme portée au précédent article, sera irrévocable, en ce sens seulement que le donateur ne pourra plus disposer, à titre gratuit, des objets compris dans la donation, si ce n'est pour sommes modiques, à titre de récompense ou autrement.

1091. Les époux pourront, par contrat de mariage, se faire réciproquement, ou l'un des deux à l'autre, telle donation qu'ils jugeront à propos, sous les modifications ci-après exprimées.

1092. Toute donation entre-vifs de biens présens, faite entre époux par contrat de mariage, ne sera point censée faite sous la condition de survie du donataire, si cette condition n'est formellement exprimée ; et elle sera soumise à toutes les règles et formes ci-dessus prescrites pour ces sortes de donations.

1094. L'époux pourra, soit par contrat de mariage, soit pendant le mariage, pour le cas où il ne laisserait point d'enfans ni descendans, disposer en faveur de l'autre époux, en propriété, de tout ce dont il pourrait disposer en faveur d'un étranger, et, en outre, de l'usufruit de la totalité de la portion dont la loi prohibe la disposition au préjudice des héritiers. Et pour le cas où l'époux donateur laisserait des enfans ou descendans, il pourra donner à l'autre époux, ou un quart en propriété et un autre quart en usufruit, ou la moitié de tous ses biens en usufruit seulement.

1095. Le mineur ne pourra, par contrat de mariage, donner à l'autre époux, soit par donation simple, soit par donation réciproque, qu'avec le consentement et l'assistance de ceux dont le consentement est requis pour la validité de son mariage ; et, avec ce consentement, il pourra donner tout ce que la loi permet à l'époux majeur de donner à l'autre conjoint.

1096. Toutes donations faites entre époux pendant le mariage, quoique qualifiées entre-vifs, seront toujours révocables. — La révocation pourra être faite par la femme, sans y être autorisée par le mari ni par justice. — Ces donations ne seront point révoquées par la survenance d'enfans.

1097. Les époux ne pourront, pendant le mariage, ne faire, ni par acte entre-vifs, ni par testament, aucune donation mutuelle et réciproque par un seul et même acte.

1098. L'homme ou la femme qui, ayant des enfans d'un autre lit, contractera un second ou subséquent mariage, ne pourra donner à son nouvel époux qu'une part d'enfant légitime le moins prenant, et sans que, dans aucun cas, ces donations puissent excéder le quart des biens.

1104. Il est *commutatif* lorsque chacune des parties s'engage à donner ou à faire une chose qui est regardée comme l'équivalent de ce qu'on lui donne, ou de ce qu'on fait pour elle. — Lorsque l'équivalent consiste dans la chance de gain ou de perte pour chacune des parties, d'après un événement incertain, le contrat est *aléatoire*.

1388. Les époux ne peuvent déroger ni aux droits résultant de la puissance maritale sur la personne de la femme et des enfans, ou qui appartiennent au mari comme chef, ni aux droits conférés au survivant des époux par le titre *de la Puissance paternelle* et par le titre *de la Minorité, de la Tutelle et de l'Emancipation*, ni aux dispositions prohibitives du présent Code.

1392. La simple stipulation que la femme se constitue ou qui lui est constituée des biens en dot ne suffit pas pour soumettre ces biens au régime dotal, s'il n'y a dans le contrat de mariage une déclaration expresse à cet égard. — La soumission au régime dotal ne résulte pas non plus de la simple déclaration faite par les époux, qu'ils se marient sans communauté, ou qu'ils seront séparés de biens.

1393. A défaut de stipulations spéciales qui dérogent au régime de la communauté ou le modifient, les règles établies dans la première partie du chapitre II formeront le droit commun de la France.

1394. Toutes conventions matrimoniales seront rédigées, avant le mariage, par acte devant notaire.

1395. Elles ne peuvent recevoir aucun changement après la célébration du mariage.

1396. Les changemens qui y seraient faits avant cette célébration, doivent être constatés par acte passé dans la même forme que le contrat de mariage. — Nul changement ou contre-lettre n'est, au surplus, valable sans la présence et le consentement simultané de toutes les personnes qui ont été parties dans le contrat de mariage.

1397. Tous changemens et contre-lettres, même revêtus des formes prescrites par l'article précédent, seront sans effet à l'égard des tiers, s'ils n'ont été rédigés à la suite de la minute du contrat de mariage; et le notaire ne pourra, à peine des dommages et intérêts des parties, et sous plus grande peine s'il y a lieu, délivrer ni grosses ni expéditions du contrat de mariage, sans transcrire à la suite le changement ou la contre-lettre.

1399. La communauté, soit légale, soit conventionnelle, commence du jour du mariage contracté devant l'officier de l'état civil : on ne peut stipuler qu'elle commencera à une autre époque.

1400. La communauté qui s'établit par la simple déclaration qu'on se marie sous le régime de la communauté, ou à défaut de contrat, est soumise aux règles expliquées dans les six sections qui suivent.

1401. La communauté se compose activement, 1° de tout le mobilier que les époux possédaient au jour de la célébration du mariage, ensemble de tout le mobilier qui leur échoit pendant le mariage à titre de succession ou même de donation, si le donateur n'a exprimé le contraire; — 2° de tous les fruits, revenus, intérêts et arrérages, de quelque nature qu'ils soient, échus ou perçus pendant le mariage, et provenant des biens qui appartenaient aux époux lors de sa célébration, ou de ceux qui leur sont échus pendant le mariage, à quelque titre que ce soit; — 3° de tous les immeubles qui sont acquis pendant le mariage.

1402. Tout immeuble est réputé acquêt de communauté, s'il n'est prouvé que l'un des époux en avait la propriété ou possession légale antérieurement au mariage, ou qu'il lui est échu depuis à titre de succession ou de donation.

1403. Les coupes de bois et les produits des carrières et mines tombent dans la communauté pour tout ce qui en est considéré comme usufruit, d'après les règles expliquées au titre *de l'Usufruit, de l'Usage et de l'Habitation*. — Si les coupes de bois qui, en suivant ces règles, pouvaient être faites durant la communauté, ne l'ont point été, il en sera dû récompense à l'époux non propriétaire du fonds ou à ses héritiers. — Si les carrières et mines ont été ouvertes pendant le mariage, les produits n'en tombent dans la communauté que sauf récompense ou indemnité à celui des époux à qui elle pourra être due.

1404. Les immeubles que les époux possèdent au jour de la célébration du mariage, ou qui leur échoient pendant son cours à titre de succession, n'entrent point en communauté. Néanmoins, si l'un des époux avait acquis un immeuble depuis le contrat de mariage, contenant stipulation de communauté, et avant la célébration du mariage, l'immeuble acquis dans cet intervalle entrera dans la communauté, à moins que l'acquisition n'ait été faite en exécution de quelque clause du mariage, auquel cas elle serait réglée suivant la convention.

1405. Les donations d'immeubles qui ne sont faites pendant le mariage qu'à l'un des deux époux ne tombent point en communauté, et appartiennent au donataire seul, à moins que la donation ne contienne expressément que la chose donnée appartiendra à la communauté.

1406. L'immeuble abandonné ou cédé par père, mère ou autre ascendant, à l'un des deux époux, soit pour le remplir de ce qu'il lui doit, soit à la charge de payer les dettes du donateur à des étrangers, n'entre point en communauté; sauf récompense ou indemnité.

1407. L'immeuble acquis pendant le mariage à titre d'échange contre l'immeuble appartenant à l'un des deux époux n'entre point en communauté, et est subrogé au lieu et place de celui qui a été aliéné; sauf la récompense s'il y a soulte.

1408. L'acquisition faite pendant le mariage, à titre de licitation ou autrement, de portion d'un immeuble dont l'un des époux était propriétaire par indivis, ne forme point un conquêt, sauf à indemniser la communauté de la somme qu'elle a fournie pour cette acquisition. — Dans le cas où le mari deviendrait seul, et en son nom personnel, acquéreur ou adjudicataire de portion ou de la totalité d'un immeuble appartenant par indivis à la femme, celle-ci, lors de la dissolution de la communauté, a le choix ou d'abandonner l'effet à la communauté, laquelle devient alors débitrice envers la femme de la portion appartenante à celle-ci dans le prix, ou de retirer l'immeuble, en remboursant à la communauté le prix de l'acquisition.

1409. La communauté se compose passivement, — 1° de toutes les dettes mobilières dont les époux étaient grevés au jour de la célébration de leur mariage, ou dont se trouvent chargées les successions qui leur échoient durant le mariage, sauf la récompense pour celles relatives aux immeubles propres à l'un ou à l'autre des époux; — 2° des dettes, tant en capitaux qu'arrérages ou intérêts, contractées par le mari pendant la communauté, ou par la femme du consentement du mari, sauf la récompense dans les cas où elle a lieu; — 3° des arrérages et intérêts seulement des rentes ou dettes passives qui sont personnelles aux deux époux; — 4° des réparations usufructuaires des immeubles qui n'entrent point en communauté; — 5° des alimens des époux, de l'éducation et entretien des enfans, et de toute autre charge du mariage.

1410. La communauté n'est tenue des dettes mobilières contractées avant le mariage par la femme, qu'autant qu'elles résultent d'un acte authentique antérieur au mariage, ou ayant reçu avant la même époque une date certaine, soit par l'enregistrement, soit par le décès d'un ou de plusieurs signataires dudit acte. — Le créancier de la femme, en vertu d'un acte n'ayant pas de date certaine avant le mariage, ne peut en poursuivre contre elle le paiement que sur la nue-propriété de ses immeubles personnels. — Le mari qui prétendrait avoir payé pour sa femme une dette de cette nature, n'en peut demander la récompense ni à sa femme ni à ses héritiers.

1411. Les dettes des successions purement mobilières qui sont échues aux époux pendant le mariage, sont pour le tout à la charge de la communauté.

1412. Les dettes d'une succession purement immobilière qui échoit à l'un des époux pendant le mariage, ne sont point à la charge de la communauté; sauf le droit qu'ont les créanciers de poursuivre leur paiement sur les immeubles de ladite succession. — Néanmoins si la succession est échue au mari, les créanciers de la succession peuvent poursuivre leur paiement, soit sur tous les biens propres au mari, soit même sur ceux de la communauté;

sauf, dans ce second cas, la récompense due à la femme ou à ses héritiers.

1413. Si la succession purement immobilière est échue à la femme, et que celle-ci l'ait acceptée du consentement de son mari, les créanciers de la succession peuvent poursuivre leur paiement sur tous les biens personnels de la femme; mais, si la succession n'a été acceptée par la femme que comme autorisée en justice au refus du mari, les créanciers, en cas d'insuffisance des immeubles de la succession, ne peuvent se pourvoir que sur la nue-propriété des autres biens personnels de la femme.

1414. Lorsque la succession échue à l'un des époux est en partie mobilière et en partie immobilière, les dettes dont elle est grevée ne sont à la charge de la communauté que jusqu'à concurrence de la portion contributoire du mobilier dans les dettes, eu égard à la valeur de ce mobilier comparée à celle des immeubles. — Cette portion contributoire se règle d'après l'inventaire auquel le mari doit faire procéder, soit de son chef, si la succession le concerne personnellement, soit comme dirigeant et autorisant les actions de sa femme, s'il s'agit d'une succession à elle échue.

1420. Toute dette qui n'est contractée par la femme qu'en vertu de la procuration générale ou spéciale du mari, est à la charge de la communauté; et le créancier n'en peut poursuivre le paiement ni contre la femme ni sur ses biens personnels.

1421. Le mari administre seul les biens de la communauté. — Il peut les vendre, aliéner et hypothéquer sans le concours de la femme.

1422. Il ne peut disposer entre-vifs à titre gratuit des immeubles de la communauté, ni de l'universalité ou d'une quotité du mobilier, si ce n'est pour l'établissement des enfans communs. — Il peut néanmoins disposer des effets mobiliers à titre gratuit et particulier, au profit de toutes personnes, pourvu qu'il ne s'en réserve pas l'usufruit.

1423. La donation testamentaire faite par le mari ne peut excéder sa part dans la communauté. — S'il a donné en cette forme un effet de la communauté, le donataire ne peut le réclamer en nature qu'autant que l'effet, par l'évènement du partage, tombe au lot des héritiers du mari. Si l'effet ne tombe point au lot de ces héritiers, le légataire a la récompense de la valeur totale de l'effet donné, sur la part des héritiers du mari dans la communauté, et sur les biens personnels de ce dernier.

1426. Les actes faits par la femme sans le consentement du mari, et même avec l'autorisation de la justice, n'engagent point les biens de la communauté, si ce n'est lorsqu'elle contracte comme marchande publique et pour le fait de son commerce.

1427. La femme ne peut s'obliger ni engager les biens de la communauté, même pour tirer son mari de prison ou pour l'établissement de ses enfans en cas d'absence du mari, qu'après y avoir été autorisée par justice.

1428. Le mari a l'administration de tous les biens personnels de la femme. — Il peut exercer seul toutes les actions mobilières et possessoires qui appartiennent à la femme. — Il ne peut aliéner les immeubles personnels de sa femme sans son consentement. — Il est responsable de tout dépérissement des biens personnels de sa femme, causé par défaut d'actes conservatoires.

1429. Les baux que le mari seul a faits des biens de sa femme pour un temps qui excède neuf ans ne sont, en cas de dissolution de la communauté, obligatoires vis-à-vis de la femme ou de ses héritiers, que pour le temps qui reste à courir soit de la première période de neuf ans, si les parties s'y trouvent encore, soit de la seconde, et ainsi de suite, de manière que le fermier n'ait que le droit d'achever la jouissance de la période de neuf ans où il se trouve.

1430. Les baux de neuf ans ou au-dessous que le mari seul a passés ou renouvelés des biens de sa femme plus de trois ans avant l'expiration du bail courant, s'il s'agit de biens ruraux, et plus de deux ans avant la même époque, s'il s'agit de maisons, sont sans effet, à moins que leur exécution n'ait commencé avant la dissolution de la communauté.

1431. La femme qui s'oblige solidairement avec son mari pour les affaires de la communauté ou du mari n'est réputée, à l'égard de celui-ci, s'être obligée que comme caution; elle doit être indemnisée de l'obligation qu'elle a contractée.

1435. La déclaration du mari que l'acquisition est faite des deniers provenus de l'immeuble vendu par la femme et pour lui servir de remploi, ne suffit point, si ce remploi n'a été formellement accepté par la femme: si elle ne l'a pas accepté, elle a simplement droit, lors de la dissolution de la communauté, à la récompense du prix de son immeuble vendu.

1436. La récompense du prix de l'immeuble appartenant au mari ne s'exerce que sur la masse de la communauté; celle du prix de l'immeuble appartenant à la femme s'exerce sur les biens personnels du mari, en cas d'insuffisance des biens de la communauté. Dans tous les cas, la récompense n'a lieu que sur le pied de la vente, quelque allégation qui soit faite touchant la valeur de l'immeuble aliéné.

1438. Si le père et la mère ont doté conjointement l'enfant commun, sans exprimer la portion pour laquelle ils entendaient y contribuer, ils sont censés avoir doté chacun pour moitié, soit que la dot ait été fournie ou promise en effets de la communauté, soit qu'elle l'ait été en biens personnels à l'un des deux époux. — Au second cas, l'époux dont l'immeuble ou l'effet personnel a été constitué en dot, a, sur les biens de l'autre, une action en indemnité pour la moitié de ladite dot, eu égard à la valeur de l'effet donné, au temps de la donation.

1443. La séparation de biens ne peut être poursuivie qu'en justice par la femme dont la dot est mise en péril, et lorsque le désordre des affaires du mari donne lieu de craindre que les biens de celui-ci ne soient point suffisans pour remplir les droits et reprises de la femme. — Toute séparation volontaire est nulle.

1445. Toute séparation de biens doit, avant son exécution, être rendue publique par l'affiche sur un tableau à ce destiné, dans la principale salle du tribunal de première instance; et de plus, si le mari est marchand, banquier ou commerçant, dans celle du tribunal de commerce du lieu de son domicile; et ce, à peine de nullité de l'exécution. — Le jugement qui prononce la séparation de biens remonte, quant à ses effets, au jour de la demande.

1448. La femme qui a obtenu la séparation de biens, doit contribuer, proportionnellement à ses facultés et à celles du mari, tant aux frais du ménage qu'à ceux d'éducation des enfans communs. — Elle doit supporter entièrement ces frais, s'il ne reste rien au mari.

1449. La femme séparée soit de corps et de biens, soit

de biens seulement, en reprend la libre administration. — Elle peut disposer de son mobilier et l'aliéner. — Elle ne peut aliéner ses immeubles sans le consentement du mari, ou sans être autorisée en justice à son refus.

1452. La dissolution de la communauté opérée par le divorce ou par la séparation soit de corps et de biens, soit de biens seulement, ne donne pas ouverture aux droits de survie de la femme; mais celle-ci conserve la faculté de les exercer lors de la mort naturelle ou civile de son mari.

1453. Après la dissolution de la communauté, la femme ou ses héritiers et ayant-cause ont la faculté de l'accepter ou d'y renoncer : toute convention contraire est nulle.

1454. La femme qui s'est immiscée dans les biens de la communauté ne peut y renoncer. — Les actes purement administratifs ou conservatoires n'emportent point immixtion.

1455. La femme majeure qui a pris dans un acte la qualité de commune, ne peut plus y renoncer ni se faire restituer contre cette qualité, quand même elle l'aurait prise avant d'avoir fait inventaire, s'il n'y a eu dol de la part des héritiers du mari.

1456. La femme survivante qui veut conserver la faculté de renoncer à la communauté, doit, dans les trois mois du jour du décès du mari, faire faire un inventaire fidèle et exact de tous les biens de la communauté, contradictoirement avec les héritiers du mari, ou eux dûment appelés. — Cet inventaire doit être par elle affirmé sincère et véritable, lors de sa clôture, devant l'officier public qui l'a reçu.

1457. Dans les trois mois, et quarante jours après le décès du mari, elle doit faire sa renonciation au greffe du tribunal de première instance dans l'arrondissement duquel le mari avait son domicile : cet acte doit être inscrit sur le registre établi pour recevoir les renonciations à la succession.

1458. La veuve peut, suivant les circonstances, demander au tribunal de première instance une prorogation du délai prescrit par l'article précédent pour sa renonciation ; cette prorogation est, s'il y a lieu, prononcée contradictoirement avec les héritiers du mari, ou eux dûment appelés.

1459. La veuve qui n'a point fait sa renonciation dans le délai ci-dessus prescrit n'est pas déchue de la faculté de renoncer si elle ne s'est point immiscée et qu'elle ait fait inventaire ; elle peut seulement être poursuivie comme commune jusqu'à ce qu'elle ait renoncé, et elle doit les frais faits contre elle jusqu'à sa renonciation. — Elle peut également être poursuivie après l'expiration des quarante jours depuis la clôture de l'inventaire, s'il a été clos avant les trois mois.

1460. La veuve qui a diverti ou recélé quelques effets de la communauté, est déclarée commune, nonobstant sa renonciation ; il en est de même à l'égard de ses héritiers.

1463. La femme divorcée ou séparée de corps, qui n'a point dans les trois mois et quarante jours après le divorce ou la séparation définitivement prononcée, accepté la communauté, est censée y avoir renoncé, à moins qu'étant encore dans le délai, elle n'en ait obtenu la prorogation en justice, contradictoirement avec le mari, ou lui dûment appelé.

1468. Les époux ou leurs héritiers rapportent à la masse des biens existans tout ce dont ils sont débiteurs envers la communauté à titre de récompense ou d'indemnité, d'après les règles ci-dessus prescrites à la section II de la première partie du présent chapitre.

1469. Chaque époux ou son héritier rapporte également les sommes qui ont été tirées de la communauté, ou la valeur des biens que l'époux y a pris pour doter un enfant d'un autre lit, et pour doter personnellement l'enfant commun.

1470. Sur la masse des biens, chaque époux ou son héritier prélève, — 1° ses biens personnels qui ne sont point entrés en communauté, s'ils existent en nature, ou ceux qui ont été acquis en remploi; 2° le prix de ses immeubles qui ont été aliénés pendant la communauté, et dont il n'a point été fait remploi; 3° les indemnités qui lui sont dues par la communauté.

1471. Les prélèvemens de la femme s'exercent avant ceux du mari. — Ils s'exercent pour les biens qui n'existent plus en nature, d'abord sur l'argent comptant, ensuite sur le mobilier et subsidiairement sur les immeubles de la communauté: dans ce dernier cas, le choix des immeubles est déféré à la femme et à ses héritiers.

1472. Le mari ne peut exercer ses reprises que sur les biens de la communauté. — La femme et ses héritiers, en cas d'insuffisance de la communauté, exercent leurs reprises sur les biens personnels du mari.

1474. Après que tous les prélèvemens des deux époux ont été exécutés sur la masse, le surplus se partage par moitié entre les époux ou ceux qui les représentent.

1479. Les créances personnelles que les époux ont à exercer l'un contre l'autre ne portent intérêt que du jour de la demande en justice.

1481. Le deuil de la femme est aux frais des héritiers du mari prédécédé. — La valeur de ce deuil est réglée selon la fortune du mari. — Il est dû même à la femme qui renonce à la communauté.

1482. Les dettes de la communauté sont pour moitié à la charge de chacun des époux ou de leurs héritiers : les frais de scellé, inventaire, vente de mobilier, liquidation, licitation et partage, font partie de ces dettes.

1486. La femme peut être poursuivie pour la totalité des dettes qui procèdent de son chef et étaient entrées dans la communauté, sauf son recours contre le mari ou son héritier, pour la moitié desdites dettes.

1487. La femme, même personnellement obligée pour une dette de communauté, ne peut être poursuivie que pour la moitié de cette dette, à moins que l'obligation ne soit solidaire.

1488. La femme qui a payé une dette de la communauté au-delà de sa moitié n'a point de répétition contre le créancier pour l'excédant, à moins que la quittance n'exprime que ce qu'elle a payé était pour sa moitié.

1492. La femme qui renonce perd toute espèce de droit sur les biens de la communauté, et même sur le mobilier qui y est entré de son chef. — Elle retire seulement les linges et hardes à son usage.

1493. La femme renonçante a le droit de reprendre, — 1° les immeubles à elle appartenant, lorsqu'ils existent en nature, ou l'immeuble qui a été acquis en remploi ; — 2° le prix de ses immeubles aliénés dont le remploi n'a pas été fait et accepté comme il est dit ci-dessus ; — 3° toutes les indemnités qui peuvent lui être dues par la communauté.

1494. La femme renonçante est déchargée de toute contribution aux dettes de la communauté, tant à l'égard du mari qu'à l'égard des créanciers. Elle reste néanmoins tenue envers ceux-ci lorsqu'elle s'est obligée conjointement avec son mari, ou lorsque la dette, devenue dette de la communauté, provenait originairement de son chef; le tout sauf son recours contre le mari ou ses héritiers.

1495. Elle peut exercer toutes les actions et reprises ci-dessus détaillées, tant sur les biens de la communauté que sur les biens personnels du mari. — Ses héritiers le peuvent de même, sauf en ce qui concerne le prélèvement des linges et hardes, ainsi que le logement et la nourriture pendant le délai donné pour faire inventaire et délibérer; lesquels droits sont purement personnels à la femme survivante.

1498. Lorsque les époux stipulent qu'il n'y aura entre eux qu'une communauté d'acquêts, ils sont censés exclure de la communauté et les dettes de chacun d'eux actuelles et futures, et leur mobilier respectif présent et futur. — En ce cas, et après que chacun des époux a prélevé ses apports dûment justifiés, le partage se borne aux acquêts faits par les époux ensemble ou séparément durant le mariage, et provenant tant de l'industrie commune que des économies faites sur les fruits et revenus des biens des deux époux.

1500. Les époux peuvent exclure de leur communauté tout leur mobilier présent et futur. — Lorsqu'ils stipulent qu'ils en mettront réciproquement dans la communauté jusqu'à concurrence d'une somme ou d'une valeur déterminée, ils sont, par cela seul, censés se réserver le surplus.

1504. Le mobilier qui échoit à chacun des époux pendant le mariage, doit être constaté par un inventaire. — A défaut d'inventaire du mobilier échu au mari, ou d'un titre propre à justifier de sa consistance et valeur, déduction faite des dettes, le mari ne peut en exercer la reprise. — Si le défaut d'inventaire porte sur un mobilier échu à la femme, celle-ci ou ses héritiers sont admis à faire preuve, soit par titres, soit par témoins, soit même par commune renommée, de la valeur de ce mobilier.

1505. Lorsque les époux ou l'un d'eux font entrer en communauté tout ou partie de leurs immeubles présens ou futurs, cette clause s'appelle *ameublissement*.

1506. L'ameublissement peut être déterminé ou indéterminé. — Il est déterminé quand l'époux a déclaré ameublir et mettre en communauté un tel immeuble en tout ou jusqu'à concurrence d'une certaine somme. — Il est indéterminé quand l'époux a simplement déclaré apporter en communauté ses immeubles, jusqu'à concurrence d'une certaine somme.

1510. La clause par laquelle les époux stipulent qu'ils paieront séparément leurs dettes personnelles, les oblige à se faire, lors de la dissolution de la communauté, respectivement raison des dettes qui sont justifiées avoir été acquittées par la communauté à la décharge de celui des époux qui en était débiteur. — Cette obligation est la même, soit qu'il y ait eu inventaire ou non : mais, si le mobilier apporté par les époux n'a pas été constaté par un inventaire ou état authentique antérieur au mariage, les créanciers de l'un et de l'autre des époux peuvent, sans avoir égard à aucune des distinctions qui seraient réclamées, poursuivre leur paiement sur le mobilier non inventorié comme sur tous les autres biens de la communauté. — Les créanciers ont le même droit sur le mobilier qui serait échu aux époux pendant la communauté, s'il n'a pas été pareillement constaté par un inventaire ou état authentique.

1514. La femme peut stipuler qu'en cas de renonciation à la communauté, elle reprendra tout ou partie de ce qu'elle y aura apporté, soit lors du mariage, soit depuis ; mais cette stipulation ne peut s'étendre au-delà des choses formellement exprimées, ni au profit de personnes autres que celles désignées. — Ainsi la faculté de reprendre le mobilier que la femme a apporté lors du mariage ne s'étend point à celui qui serait échu pendant le mariage. — Ainsi la faculté accordée à la femme ne s'étend point aux enfans; celle accordée à la femme et aux enfans ne s'étend point aux héritiers ascendans ou collatéraux. — Dans tous les cas les apports ne peuvent être repris que déduction faite des dettes personnelles à la femme, et que la communauté aurait acquittées.

1515. La clause, r laquelle l'époux survivant est autorisé à prélever, ava tout partage, une certaine somme ou une certaine quai d'effets mobiliers en nature, ne donne droit à ce prélé ment, au profit de la femme survivante, que lorsqu'elle accepte la communauté, à moins que le contrat de mariage ne lui ait réservé ce droit, même en renonçant. — Hors le cas de cette réserve, le préciput ne s'exerce que sur la masse partageable, et non sur les biens personnels de l'époux prédécédé.

1517. La mort naturelle ou civile donne ouverture au préciput.

1520. Les époux peuvent déroger au partage égal établi par la loi, soit en ne donnant à l'époux survivant ou à ses héritiers, dans la communauté, qu'une part moindre que la moitié, soit en ne lui donnant qu'une somme fixe pour tout droit de communauté, soit en stipulant que la communauté entière, en certains cas, appartiendra à l'époux survivant ou à l'un d'eux seulement.

1522. Lorsqu'il est stipulé que l'un des époux ou ses héritiers ne pourront prétendre qu'une certaine somme pour tout droit de communauté, la clause est un forfait qui oblige l'autre époux ou ses héritiers à payer la somme convenue, soit que la communauté soit bonne ou mauvaise, suffisante ou non pour acquitter la somme.

1526. Les époux peuvent établir par leur contrat de mariage une communauté universelle de leurs biens tant meubles qu'immeubles, présens et à venir, ou de tous leurs biens présens seulement, ou de tous leurs biens à venir seulement.

1530. La clause portant que les époux se marient sans communauté ne donne point à la femme le droit d'administrer ses biens, ni d'en percevoir les fruits : ces fruits sont censés apportés au mari pour soutenir les charges du mariage.

1531. Le mari conserve l'administration des biens meubles et immeubles de la femme, et, par suite, le droit de percevoir tout le mobilier qu'elle apporte en dot, ou qui lui échoit pendant le mariage, sauf la restitution qu'il en doit faire après la dissolution du mariage, ou après la séparation de biens qui serait prononcée par justice.

1532. Si, dans le mobilier apporté en dot par la femme, ou qui lui échoit pendant le mariage, il y a des choses dont on ne peut faire usage sans les consommer, il en doit être joint un état estimatif au contrat de mariage, ou il doit en être fait inventaire lors de l'échéance, et le mari en doit rendre le prix d'après l'estimation.

1534. La clause énoncée au présent paragraphe ne fait point obstacle à ce qu'il soit convenu que la femme touchera annuellement, sur ses seules quittances, certaines portions de ses revenus pour son entretien et ses besoins personnels.

1535. Les immeubles constitués en dot, dans le cas du présent paragraphe, ne sont point inaliénables. — Néanmoins ils ne peuvent être aliénés sans le consentement du mari, et, à son refus, sans l'autorisation de la justice.

1536. Lorsque les époux ont stipulé par leur contrat de mariage qu'ils seraient séparés de biens, la femme conserve l'entière administration de ses biens meubles et immeubles, et la jouissance libre de ses revenus

1537. Chacun des époux contribue aux charges du mariage, suivant les conventions contenues en leur contrat; et, s'il n'en existe point à cet égard, la femme contribue à ces charges jusqu'à concurrence du tiers de ses revenus.

1538. Dans aucun cas, ni à la faveur d'aucune stipulation, la femme ne peut aliéner ses immeubles sans le consentement spécial de son mari, ou, à son refus, sans être autorisée par justice. — Toute autorisation générale d'aliéner les immeubles donnée à la femme, soit par contrat de mariage, soit depuis, est nulle.

1540. La dot, sous ce régime comme sous celui du chapitre II, est le bien que la femme apporte au mari pour supporter les charges du mariage.

1541. Tout ce que la femme se constitue ou qui lui est donné en contrat de mariage est dotal, s'il n'y a stipulation contraire.

1542. La constitution de dot peut frapper tous les biens présens et à venir de la femme ou tous ses biens présens seulement, ou une partie de ses biens présens et à venir, ou même un objet individuel. — La constitution, en termes généraux, de tous les biens de la femme, ne comprend pas des biens à venir.

1546. Quoique la fille dotée par ses père et mère ait des biens à elle propres dont ils jouissent, la dot sera prise sur les biens des constituans, s'il n'y a stipulation contraire.

1549. Le mari seul a l'administration des biens dotaux pendant le mariage. — Il a seul le droit d'en poursuivre les débiteurs et détenteurs, d'en percevoir les fruits et les intérêts, et de recevoir le remboursement des capitaux. — Cependant il peut être convenu, par le contrat de mariage, que la femme touchera annuellement, sur ses seules quittances, une partie de ses revenus pour son entretien et ses besoins personnels.

1554. Les immeubles constitués en dot ne peuvent être aliénés ou hypothéqués pendant le mariage, ni par le mari, ni par la femme, ni par les deux conjointement, sauf les exceptions qui suivent.

1556. Elle peut aussi, avec l'autorisation de son mari, donner ses biens dotaux pour l'établissement de leurs enfans communs.

1557. L'immeuble dotal peut être aliéné lorsque l'aliénation en a été permise par le contrat de mariage.

1558. L'immeuble dotal peut encore être aliéné avec permission de justice, et aux enchères, après trois affiches, — pour tirer de prison le mari ou la femme ; — pour fournir des alimens à la famille dans les cas prévus par les art. 203, 205 et 206, au titre *du Mariage* ; — pour payer les dettes de la femme ou de ceux qui ont constitué la dot, lorsque ces dettes ont une date certaine antérieure au contrat de mariage ; — pour faire de grosses réparations indispensables pour la conservation de l'immeuble dotal ; — enfin lorsque cet immeuble se trouve indivis avec des tiers, et qu'il est reconnu impartageable. — Dans tous les cas, l'excédant du prix de la vente au-dessus des besoins reconnus restera dotal, et il en sera fait emploi comme tel au profit de la femme.

59. L'immeuble dotal peut être échangé, mais avec le consentement de la femme, contre un autre immeuble de même valeur pour les quatre cinquièmes au moins, en

justifiant de l'utilité de l'échange, en obtenant l'autorisation en justice, et d'après une estimation par experts nommés d'office par le tribunal. — Dans ce cas, l'immeuble reçu en échange sera dotal ; l'excédant du prix, s'il y en a, le sera aussi, et il en sera fait emploi comme tel au profit de la femme.

1564. Si la dot consiste en immeubles, — ou en meubles non estimés par le contrat de mariage, ou bien mis à prix, avec déclaration que l'estimation n'en ôte pas la propriété à la femme, — le mari ou ses héritiers peuvent être contraints de la restituer sans délai, après la dissolution du mariage.

1565. Si elle consiste en une somme d'argent, — ou en meubles mis à prix par le contrat, sans déclaration que l'estimation n'en rend pas le mari propriétaire, — la restitution n'en peut être exigée qu'un an après la dissolution.

1566. Si les meubles dont la propriété reste à la femme ont dépéri par l'usage et sans la faute du mari, il ne sera tenu de rendre que ceux qui resteront, et dans l'état où ils se trouveront. — Et néanmoins la femme pourra, dans tous les cas, retirer les linges et hardes à son usage actuel, sauf à précompter leur valeur, lorsque ces linges et hardes auront été primitivement constitués avec estimation.

1569. Si le mariage a duré dix ans depuis l'échéance des termes pris pour le paiement de la dot, la femme ou ses héritiers pourront la répéter contre le mari après la dissolution du mariage sans être tenus de prouver qu'il l'a reçue, à moins qu'il ne justifiât de diligences inutilement par lui faites pour s'en procurer le paiement.

1570. Si le mariage est dissous par la mort de la femme, l'intérêt et les fruits de la dot à restituer courent de plein droit au profit de ses héritiers depuis le jour de la dissolution. — Si c'est par la mort du mari, la femme a le choix d'exiger les intérêts de sa dot pendant l'an du deuil, ou de se faire fournir des alimens pendant ledit temps aux dépens de la succession du mari; mais, dans les deux cas, l'habitation durant cette année, et les habits du deuil doivent lui être fournis sur la succession et sans imputation sur les intérêts à elle dus.

1517. Si la femme donne sa procuration au mari pour administrer ses biens paraphernaux, avec charges de lui rendre compte des fruits, il sera tenu vis-à-vis d'elle comme tout mandataire.

1578. Si le mari a joui des biens paraphernaux de sa femme sans mandat, et néanmoins sans opposition de sa part, il n'est tenu, à la dissolution du mariage, ou à la première demande de la femme, qu'à la représentation des fruits existans, et il n'est point comptable de ceux qui ont été consommés jusqu'alors.

1583. Elle est parfaite entre les parties, et la propriété est acquise de droit à l'acheteur à l'égard du vendeur, dès qu'on est convenu de la chose et du prix, quoique la chose n'ait pas encore été livrée ni le prix payé.

1587. A l'égard du vin, de l'huile, et des autres choses que l'on est dans l'usage de goûter avant d'en faire l'achat, il n'y a point de vente tant que l'acheteur ne les a pas goûtées et agréées.

1589. La promesse de vente vaut vente, lorsqu'il y a consentement réciproque des deux parties sur la chose et sur le prix.

1590. Si la promesse de vendre a été faite avec des arrhes, chacun des contractans est maître de s'en départir, — celui qui les a données, en les perdant, — et celui qui les a reçues, en restituant le double.

1593. Les frais d'actes et autres accessoires à la vente sont à la charge de l'acheteur.

1599. La vente de la chose d'autrui est nulle : elle peut donner lieu à des dommages-intérêts lorsque l'acheteur a ignoré que la chose fût à autrui.

1603. Il a deux obligations principales, celle de délivrer et celle de garantir la chose qu'il vend.

1607. La tradition des droits incorporels se fait, ou par la remise des titres, ou par l'usage que l'acquéreur en fait du consentement du vendeur.

1612. Le vendeur n'est pas tenu de délivrer la chose, si l'acheteur n'en paie pas le prix, et que le vendeur ne lui ait pas accordé un délai pour le paiement.

1613. Il ne sera pas non plus obligé à la délivrance, quand même il aurait accordé un délai pour le paiement, si, depuis la vente, l'acheteur est tombé en faillite ou en état de déconfiture, en sorte que le vendeur se trouve en danger imminent de perdre le prix ; à moins que l'acheteur ne lui donne caution de payer au terme.

1625. La garantie que le vendeur doit à l'acquéreur a deux objets : le premier est la possession paisible de la chose vendue, le second, les défauts cachés de cette chose ou les vices redhibitoires.

1626. Quoique lors de la vente il n'ait été fait aucune stipulation sur la garantie, le vendeur est obligé de droit à garantir l'acquéreur de l'éviction qu'il souffre dans la totalité ou partie de l'objet vendu, ou des charges prétendues sur cet objet et non déclarées lors de la vente.

1630. Lorsque la garantie a été promise, ou qu'il n'a rien été stipulé à ce sujet, si l'acquéreur est évincé, il a droit de demander contre le vendeur, — 1° la restitution du prix ; — 2° celle des fruits, lorsqu'il est obligé de les rendre au propriétaire qui l'évince ; — 3° les frais faits sur la demande en garantie de l'acheteur, et ceux faits par le demandeur originaire ; — 4° enfin, les dommages et intérêts, ainsi que les frais et loyaux coûts du contrat.

1645. Si le vendeur connaissait les vices de la chose, il est tenu, outre la restitution du prix qu'il en a reçu, de tous les dommages et intérêts envers l'acheteur.

1646. Si le vendeur ignorait les vices de la chose, il ne sera tenu qu'à la restitution du prix, et à rembourser à l'acquéreur les frais occasionés par la vente.

1655. La résolution de la vente d'immeubles est prononcée de suite, si le vendeur est en danger de perdre la chose et le prix. — Si ce danger n'existe pas, le juge peut accorder à l'acquéreur un délai plus ou moins long, suivant les circonstances. — Ce délai passé sans que l'acquéreur ait payé, la résolution de la vente sera prononcée.

1659. La faculté de rachat ou de réméré est un pacte par lequel le vendeur se réserve de reprendre la chose vendue, moyennant la restitution du prix principal et le remboursement dont il est parlé à l'article 1673.

1664. Le vendeur à pacte de rachat peut exercer son action contre un second acquéreur, quand même la faculté de réméré n'aurait pas été déclarée dans le second contrat.

1665. L'acquéreur à pacte de rachat exerce tous les droits de son vendeur ; il peut prescrire tant contre le véritable maître que contre ceux qui prétendraient des droits ou hypothèques sur la chose vendue.

1676. La demande n'est plus recevable après l'expiration de deux années, à compter du jour de la vente. — Ce délai court contre les femmes mariées, et contre les absens, les interdits, et les mineurs venant du chef d'un majeur qui a vendu. — Ce délai court aussi et n'est pas suspendu pendant la durée du temps stipulé pour le pacte de rachat.

1681. Dans le cas où l'action en rescision est admise, l'acquéreur a le choix ou de rendre la chose en retirant le prix qu'il en a payé, ou de garder le fonds en payant le supplément du juste prix, sous la déduction du dixième du prix total. — Le tiers possesseur a le même droit, sauf sa garantie contre son vendeur.

1683. La rescision pour lésion n'a pas lieu en faveur de l'acheteur.

1711. Ces deux genres de louage se subdivisent encore en plusieurs espèces particulières : — On appelle *bail à loyer*, le louage des maisons et celui des meubles ; — *bail à ferme*, celui des héritages ruraux ; — *loyer*, le louage du travail ou du service ; — *bail à cheptel*. celui des animaux dont le profit se partage entre le propriétaire et celui à qui il les confie. Les *devis*, *marchés* ou *prix fait*, pour l'entreprise d'un ouvrage moyennant un prix déterminé, sont aussi un louage, lorsque la matière est fournie par celui pour qui l'ouvrage se fait. — Ces trois dernières espèces ont des règles particulières.

1714. On peut louer ou par écrit ou verbalement.

1717. Le preneur a le droit de sous-louer, et même de céder son bail à un autre, si cette faculté ne lui a pas été interdite. — Elle peut être interdite pour le tout ou partie. — Cette clause est toujours de rigueur.

1719. Le bailleur est obligé, par la nature du contrat et sans qu'il soit besoin d'aucune stipulation particulière, — 1° de délivrer au preneur la chose louée ; — 2° d'entretenir cette chose en état de servir à l'usage pour lequel elle a été louée ; — 3° d'en faire jouir paisiblement le preneur pendant la durée du bail.

1720. Le bailleur est tenu de délivrer la chose en bon état de réparations de toute espèce. — Il doit y faire, pendant la durée du bail, toutes les réparations qui peuvent devenir nécessaires, autres que les locatives.

1724. Si, durant le bail, la chose louée a besoin de réparations urgentes et qui ne puissent être différées jusqu'à sa fin, le preneur doit les souffrir, quelque incommodité qu'elles lui causent, et quoiqu'il soit privé, pendant qu'elles se font, d'une partie de la chose louée. — Mais si ces réparations durent plus de quarante jours, le prix du bail sera diminué à proportion du temps et de la partie de la chose louée dont il aura été privé. — Si les réparations sont de telle nature qu'elles rendent inhabitable ce qui est nécessaire au logement du preneur et de sa famille, celui-ci pourra faire résilier le bail.

1728. Le preneur est tenu de deux obligations principales, — 1° d'user de la chose louée en bon père de famille, et suivant la destination qui lui a été donnée par le bail, ou suivant celle présumée d'après les circonstances, à défaut de convention ; — 2° de payer le prix du bail aux termes convenus.

1732. Il répond des dégradations ou des pertes qui arrivent pendant sa jouissance, à moins qu'il ne prouve qu'elles ont eu lieu sans sa faute.

1736. Si le bail a été fait sans écrit, l'une des parties ne pourra donner congé à l'autre qu'en observant les délais fixés par l'usage des lieux.

1738. Si, à l'expiration des baux écrits, le preneur reste et est laissé en possession, il s'opère un nouveau bail dont l'effet est réglé par l'article relatif aux locations faites sans écrit.

1741. Le contrat de louage se résout par la perte de la

chose louée, et par le défaut respectif du bailleur et du preneur de remplir leurs engagemens.

1752. Le locataire qui ne garnit pas la maison de meubles suffisans, peut être expulsé, à moins qu'il ne donne des sûretés capables de répondre du loyer.

1754. Les réparations locatives ou de menu entretien dont le locataire est tenu, s'il n'y a clause contraire, sont celles désignées comme telles par l'usage des lieux, et, entre autres, les réparations à faire, — aux âtres, contre-cœurs, chambranles et tablettes des cheminées; — au recrépiment du bas des murailles des appartemens et autres lieux d'habitation, à la hauteur d'un mètre; — aux pavés et carreaux des chambres, lorsqu'il y en a seulement quelques-uns de cassés; — aux vitres, à moins qu'elles ne soient cassées par la grêle, ou autres accidens extraordinaires et de force majeure, dont le locataire ne peut être tenu; — aux portes, croisées, planches de cloison ou de fermeture de boutique, gonds, targettes et serrures.

1755. Aucune des réparations réputées locatives n'est à la charge des locataires, quand elles ne sont occasionées que par vétusté ou force majeure.

1758. Le bail d'un appartement meublé est censé fait à l'année, quand il a été fait à tant par an; — au mois, quand il a été fait à tant par mois; — au jour, s'il a été fait à tant par jour. — Si rien ne constate que le bail soit fait à tant par an, par mois ou par jour, la location est censée faite suivant l'usage des lieux.

1766. Si le preneur d'un héritage rural ne le garnit pas des bestiaux et des ustensiles nécessaires à son exploitation; s'il abandonne la culture, s'il ne cultive pas en bon père de famille, s'il emploie la chose louée à un autre usage que celui auquel elle a été destinée, ou, en général, s'il n'exécute pas les clauses du bail, et qu'il en résulte un dommage pour le bailleur, celui-ci peut, suivant les circonstances, faire résilier le bail. — En cas de résiliation provenant du fait du preneur, celui-ci est tenu des dommages et intérêts, ainsi qu'il est dit en l'article 1764.

1767. Tout preneur de bien rural est tenu d'engranger dans les lieux à ce destinés d'après le bail.

1768. Le preneur d'un bien rural est tenu, sous peine de tous dépens, dommages et intérêts, d'avertir le propriétaire des usurpations qui peuvent être commises sur les fonds. — Cet avertissement doit être donné dans le même délai que celui qui est réglé en cas d'assignation suivant la distance des lieux.

1769. Si le bail est fait pour plusieurs années, et que, pendant la durée du bail, la totalité ou la moitié d'une récolte au moins soit enlevée par des cas fortuits, le fermier peut demander une remise du prix de sa location, à moins qu'il ne soit indemnisé par les récoltes précédentes. — S'il n'est pas indemnisé, l'estimation de la remise ne peut avoir lieu qu'à la fin du bail, auquel temps il se fait une compensation de toutes les années de jouissance. — Et cependant le juge peut provisoirement dispenser le preneur de payer une partie du prix en raison de la perte soufferte.

1772. Le preneur peut être déchargé des cas fortuits par une stipulation expresse.

1809. Le preneur qui est déchargé par le cas fortuit est toujours tenu de rendre compte des peaux de bêtes.

1984. Le mandat ou procuration est un acte par lequel une personne donne à une autre le pouvoir de faire quelque chose pour le mandant et en son nom. — Le contrat ne se forme que par l'acceptation du mandataire.

1985. Le mandat peut être donné ou par acte public, ou par écrit sous seing-privé, même par lettre. Il peut aussi être donné verbalement ; mais la preuve testimoniale n'en est reçue que conformément au titre *des Contrats et des Obligations conventionnelles en général.* — L'acceptation du mandat peut n'être que tacite, et résulter de l'exécution qui lui a été donnée par le mandataire.

1986. Le mandat est gratuit, s'il n'y a convention contraire.

1988. Le mandat conçu en termes généraux n'embrasse que les actes d'administration. — S'il s'agit d'aliéner ou d'hypothéquer, ou de quelque autre acte de propriété, le mandat doit être exprès.

1991. Le mandataire est tenu d'accomplir le mandat tant qu'il en demeure chargé, et répond des dommages-intérêts qui pourraient résulter de son inexécution. — Il est tenu de même d'achever la chose commencée au décès du mandant, s'il y a péril en la demeure.

1992. Le mandataire répond non-seulement du dol, mais encore des fautes qu'il commet dans sa gestion. — Néanmoins la responsabilité relative aux fautes est appliquée moins rigoureusement à celui dont le mandat est gratuit, qu'à celui qui reçoit un salaire.

1993. Tout mandataire est tenu de rendre compte de sa gestion, et de faire raison au mandant de tout ce qu'il a reçu en vertu de sa procuration, quand même ce qu'il aurait reçu n'eût point été dû au mandant.

1994. Le mandataire répond de celui qu'il s'est substitué dans la gestion, 1° quand il n'a pas reçu le pouvoir de se substituer quelqu'un ; 2° quand ce pouvoir lui a été conféré sans désignation d'une personne, et que celle dont il a fait choix était notoirement incapable ou insolvable. — Dans tous les cas, le mandant peut agir directement contre la personne que le mandataire s'est substituée.

1998. Le mandant est tenu d'exécuter les engagemens contractés par le mandataire, conformément au pouvoir qui lui a été donné. — Il n'est tenu de ce qui a pu être fait au-delà, qu'autant qu'il l'a ratifié expressément ou tacitement.

1999. Le mandant doit rembourser au mandataire les avances et frais que celui-ci a faits pour l'exécution du mandat, et lui payer ses salaires lorsqu'il en a été promis. — S'il n'y a aucune faute imputable au mandataire, le mandant ne peut se dispenser de faire ces remboursement et paiement, lors même que l'affaire n'aurait pas réussi, ni faire réduire le montant des frais et avances sous le prétexte qu'ils pouvaient être moindres.

2003. Le mandat finit, — par la révocation du mandataire, — par la renonciation de celui-ci au mandat, — par la mort naturelle ou civile, l'interdiction ou la déconfiture, soit du mandant, soit du mandataire.

2004. Le mandant peut révoquer sa procuration quand bon lui semble, et contraindre, s'il y a lieu, le mandataire à lui remettre, soit l'écrit sous seing-privé qui la contient, soit l'original de la procuration, si elle a été délivrée en brevet, soit l'expédition, s'il en a été gardé minute.

2006. La constitution d'un nouveau mandataire pour la même affaire, vaut révocation du premier, à compter du jour où elle a été notifiée à celui-ci.

2007. Le mandataire peut renoncer au mandat, en notifiant au mandant sa renonciation. — Néanmoins, si cette renonciation préjudicie au mandant, il devra en être indemnisé par le mandataire, à moins que celui-ci ne se trouve dans l'impossibilité de continuer le mandat sans en éprouver lui-même un préjudice considérable.

2059 La contrainte par corps a lieu, en matière civile, pour le stellionat. — Il y a stellionat, — lorsqu'on vend ou qu'on hypothèque un immeuble dont on sait n'être pas propriétaire; — lorsqu'on présente comme libre des biens hypothéqués, ou que l'on déclare des hypothèques moindres que celles dont ces biens sont chargés.

2121. Les droits et créances auxquels l'hypothèque légale est attribuée, sont : — ceux des femmes-mariées, sur les biens de leur mari; — ceux des mineurs et interdits, sur les biens de leur tuteur; — ceux de l'État, des communes et des établissemens publics, sur les biens des receveurs et administrateurs comptables.

2128. Les contrats passés en pays étranger ne peuvent donner d'hypothèques sur les biens de France, s'il n'y a des dispositions contraires à ce principe dans les lois politiques ou dans les traités.

2129. Il n'y a d'hypothèque conventionnelle valable que celle qui, soit dans le titre authentique constitutif de la créance, soit dans un acte authentique postérieur, déclare spécialement la nature et la situation de chacun des immeubles actuellement appartenant au débiteur, sur lesquels il consent l'hypothèque de la créance. Chacun de tous ses biens présens peut être nominativement soumis à l'hypothèque. — Les biens à venir ne peuvent pas être hypothéqués.

2135. L'hypothèque existe, indépendamment de toute inscription, — 1° au profit des mineurs et interdits, sur les immeubles appartenant à leur tuteur, à raison de sa gestion, du jour de l'acceptation de la tutelle; — 2° au profit des femmes, pour raison de leurs dot et conventions matrimoniales, sur les immeubles de leur mari, et à compter du jour du mariage. — La femme n'a hypothèque pour les sommes dotales qui proviennent de successions à elles échues, ou de donations à elle faites pendant le mariage, qu'à compter de l'ouverture des successions ou du jour que les donations ont eu leur effet. — Elle n'a hypothèque pour l'indemnité des dettes qu'elle a contractées avec son mari, et pour le remploi de ses propres aliénés, qu'à compter du jour de l'obligation ou de la vente. — Dans aucun cas, la disposition du présent article ne pourra préjudicier aux droits acquis à des tiers avant la publication du présent titre.

2146. Les inscriptions se font au bureau de conservation des hypothèques dans l'arrondissement duquel sont situés les biens soumis au privilége ou à l'hypothèque. Elles ne produisent aucun effet, si elles sont prises dans le délai pendant lequel les actes faits avant l'ouverture des faillites sont déclarés nuls. — Il en est de même entre les créanciers d'une succession, si l'inscription n'a été faite par l'un d'eux que depuis l'ouverture, et dans le cas où la succession n'est acceptée que par bénéfice d'inventaire.

CODE DE PROCÉDURE CIVILE.

878. Le président fera aux deux époux les représentations qu'il croira propres à opérer un rapprochement : s'il ne peut y parvenir, il rendra, ensuite de la première ordonnance, une seconde portant qu'attendu qu'il n'a pu concilier les parties, il les renvoie à se pourvoir, sans citation préalable au bureau de conciliation : il autorisera par la même ordonnance la femme à procéder sur la demande, et à se retirer provisoirement dans telle maison dont les parties seront convenues, ou qu'il indiquera d'office ; il ordonnera que les effets à l'usage journalier de la femme lui seront remis. Les demandes en provision seront portées à l'audience.

CODE DE COMMERCE.

2. Tout mineur émancipé de l'un et de l'autre sexe, âgé de dix-huit ans accomplis, qui voudra profiter de la faculté que lui accorde l'art. 487 du Code civil, de faire le commerce, ne pourra en commencer les opérations, ni être réputé majeur quant aux engagemens par lui contractés pour faits de commerce, 1° s'il n'a été préalablement autorisé par son père, ou par sa mère, en cas de décès, interdiction ou absence du père, ou, à défaut du père et de la mère, par une délibération du conseil de famille, homologuée par le tribunal civil; 2° si, en outre, l'acte d'autorisation n'a été enregistré et affiché au tribunal de commerce du lieu où le mineur veut établir son domicile.

3. La disposition de l'article précédent est applicable aux mineurs même non commerçans, à l'égard de tous les faits qui sont déclarés faits de commerce par les dispositions des art. 632 et 633.

5. La femme, si elle est marchande publique, peut, sans l'autorisation de son mari, s'obliger pour ce qui concerne son négoce; et, audit cas, elle oblige aussi son mari, s'il y a communauté entre eux. — Elle n'est pas réputée marchande publique si elle ne fait que détailler les marchandises du commerce de son mari; elle n'est réputée telle que lorsqu'elle fait un commerce séparé.

6. Les mineurs marchands, autorisés comme il est dit ci-dessus, peuvent engager et hypothéquer leurs immeubles. — Ils peuvent même les aliéner, mais en suivant

les formalités prescrites par les articles 457 et suivans du Code civil.

7. Les femmes marchandes publiques peuvent également engager, hypothéquer et aliéner leurs immeubles. — Toutefois leurs biens stipulés dotaux, quand elles sont mariées sous le régime dotal, ne peuvent être hypothéqués ni aliénés que dans les cas déterminés et avec les formes réglées par le Code civil.

8. Tout commerçant est tenu d'avoir un livre-journal qui *présente*, jour par jour, ses dettes actives et passives, les opérations de son commerce, ses négociations, acceptations ou endossemens d'effets, et généralement tout ce qu'il reçoit et paie, à quelque titre que ce soit; et qui *énonce*, mois par mois, les sommes employées à la dépense de sa maison: le tout indépendamment des autres livres usités dans le commerce, mais qui ne sont pas indispensables. — Il est tenu de mettre en liasse les lettres missives qu'il reçoit, et de copier sur un registre celles qu'il envoie.

9. Il est tenu de faire, tous les ans, sous seing-privé, un inventaire de ses effets mobiliers et immobiliers, et de ses dettes actives et passives, et de le copier, année par année, sur un registre spécial à ce destiné.

10. Le livre-journal et le livre des inventaires seront paraphés et visés une fois par année. — Le livre des copies de lettres ne sera pas soumis à cette formalité. — Tous seront tenus par ordre de dates, sans blancs, lacunes ni transports en marge.

11. Les livres dont la tenue est ordonnée par les art. 8 et 9 ci-dessus, seront cotés, paraphés et visés, soit par un des juges des tribunaux de commerce, soit par le maire ou un adjoint, dans la forme ordinaire et sans frais. Les commerçans seront tenus de conserver ces livres pendant dix ans.

12. Les livres de commerce, régulièrement tenus, peuvent être admis par le juge pour faire preuve entre commerçans pour faits de commerce.

66. Tout jugement qui prononcera une séparation de corps ou un divorce entre mari et femme dont l'un serait commerçant, sera soumis aux formalités prescrites par l'art. 872 du Code de procédure civile : à défaut de quoi, les créanciers seront toujours admis à s'y opposer, pour ce qui touche leurs intérêts, et à contredire toute liquidation qui en aurait été la suite.

67. Tout contrat de mariage entre époux dont l'un sera commerçant, sera transmis par extrait, dans le mois de sa date, aux greffes et chambres désignés par l'art. 872 du Code de procédure civile, pour être exposé au tableau, conformément au même article. — Cet extrait annoncera si les époux sont mariés en communauté, s'ils sont séparés de biens, ou s'ils ont contracté sous le régime dotal.

69. Tout époux séparé de biens, ou marié sous le régime dotal, qui embrasserait la profession de commerçant postérieurement à son mariage, sera tenu de faire pareille remise dans le mois du jour où il aura ouvert son commerce, à peine, en cas de faillite, d'être puni comme banqueroutier frauduleux.

545. Les femmes mariées sous le régime dotal, les femmes séparées de biens, et les femmes communes en biens qui n'auraient point mis les immeubles apportés en communauté, reprendront en nature lesdits immeubles et ceux qui leur seront survenus par successions ou donations entre-vifs ou pour cause de mort.

546. Elles reprendront pareillement les immeubles acquis par elles et en leur nom, des deniers provenant desdites successions et donations, pourvu que la déclaration d'emploi

soit expressément stipulée au contrat d'acquisition, et que l'origine des deniers soit constatée par inventaire, ou par tout autre acte authentique.

547 Sous quelque régime qu'ait été formé le contrat de mariage, hors le cas prévu par l'article précédent, la présomption légale est que les biens acquis par la femme du failli appartiennent à son mari, sont payés de ses deniers, et doivent être réunis à la masse de son actif; sauf à la femme à fournir la preuve du contraire.

549. La femme ne pourra exercer, dans la faillite, aucune action à raison des avantages portés au contrat de mariage; et réciproquement, les créanciers ne pourront se prévaloir, dans aucun cas, des avantages faits par la femme au mari dans le même contrat.

551. La femme dont le mari était commerçant à l'époque de la célébration du mariage, n'aura hypothèque, pour les deniers ou effets mobiliers qu'elle justifiera par actes authentiques avoir apporté en dot, pour le remploi de ses biens aliénés pendant le mariage, et pour l'indemnité des dettes par elles contractées avec son mari, que sur les immeubles qui appartenaient à son mari à l'époque ci-dessus.

552. Sera, à cet égard, assimilée à la femme dont le mari était commerçant à l'époque de la célébration du mariage, la femme qui aura épousé un fils de négociant, n'ayant, à cette époque, aucun état ou profession déterminée, et qui deviendrait lui-même négociant.

553. Sera exceptée des dispositions des art. 549 et 551, et jouira de tous les droits hypothécaires accordés aux femmes par le Code civil, la femme dont le mari avait, à l'époque de la célébration du mariage, une profession déterminée autre que celle de négociant : néanmoins cette exception ne sera pas applicable à la femme dont le mari serait le

commerce dans l'année qui suivrait la célébration du mariage.

554. Tous les meubles meublans, effets mobiliers, diamans, tableaux, vaisselle d'or et d'argent, et autres objets, tant à l'usage du mari qu'à celui de la femme, sous quelque régime qu'ait été formé le contrat de mariage, seront acquis aux créanciers, sans que la femme puisse en recevoir autre chose que les habits et linge à son usage, qui lui seront accordés d'après les dispositions de l'art. 529. — Toutefois la femme pourra reprendre les bijoux, diamans et vaisselle qu'elle pourra justifier, par état légalement dressé, annexé aux actes, ou par bons et loyaux inventaires, lui avoir été donnés par contrat de mariage, ou lui être advenus par succession seulement.

587. Pourra être poursuivi comme banqueroutier simple, et être déclaré tel, — le failli qui n'aura pas fait au greffe la déclaration prescrite par l'art. 440 ; — celui qui, s'étant absenté, ne se sera pas présenté en personne aux agens et aux syndics dans les délais fixés, et sans empêchement légitime ; — celui qui présentera des livres irrégulièrement tenus, sans néanmoins que les irrégularités indiquent de fraude, ou qui ne les présentera pas tous ; — celui qui, ayant une société, ne se sera pas conformé à l'art. 440.

632. La loi répute acte de commerce, — tout achat de denrées et marchandises pour les revendre, soit en nature, soit après les avoir travaillées et mises en œuvre, ou même pour en louer simplement l'usage ; — toute entreprise de manufactures, de commission, de transport par terre ou par eau ; — toute entreprise de fournitures, d'agences, bureaux d'affaires, établissemens de ventes à l'encan, de spectacles publics ; — toute opération de change, banque et courtage ; — toutes les opérations des banques publi-

ques; — toutes obligations entre négocians, marchands et banquiers; — entre toutes personnes, les lettres de change, ou remises d'argent faites de place en place.

633. La loi répute pareillement actes de commerce; — toute entreprise de construction, et tous achats, ventes et reventes de bâtimens pour la navigation intérieure et extérieure; — toutes expéditions maritimes; — tout achat ou vente d'agrès, apparaux et avitaillemens; — tout affrétement ou nolissement, emprunt ou prêt à la grosse; toutes assurances et autres contrats concernant le commerce de mer; — tous accords et conventions pour salaires et loyers d'équipages; — tous engagemens de gens de mer, pour le service de bâtimens de commerce.

FIN DES ARTICLES CITÉS DANS L'OUVRAGE.

VOCABULAIRE

ANALYTIQUE

DES PRINCIPAUX TERMES DE DROIT.

A.

AB INTESTAT. On appelle *ab intestat* la succession d'une personne qui n'a point fait de testament.

ABSENT. L'*absent présumé* est celui qui a cessé de paraître au lieu de sa résidence ordinaire, et dont on n'a point de nouvelles. L'*absent déclaré* est celui dont l'absence a été déclarée constante par un jugement, quatre ans après sa disparition sans nouvelles.

ACCEPTATION DE COMMUNAUTÉ. C'est l'acte par lequel une femme commune en biens, ou ses héritiers, acceptent la communauté de biens qui existait entre elle et son mari avant la dissolution du mariage.

ACCEPTATION DE SUCCESSION ET DE DONATION. On appelle ainsi l'acte par lequel le donataire ou l'héritier présomptif accepte la succession à laquelle il est appelé et la donation qui lui est faite. La donation entre vifs-n'est point valable si elle n'est acceptée en termes exprès.

ACCEPTATION DE LETTRE DE CHANGE. C'est l'acte par lequel une personne s'engage à payer une lettre de change à son échéance. (Voy. à ce sujet, art. 122, Cod. de com.)

ACQUÊTS. C'est un immeuble dont l'un des époux acquiert la propriété durant le mariage autrement que par succession.

ACTE. Écrit qui constate qu'une chose a été convenue entre deux ou plusieurs parties.

ACTE AUTHENTIQUE. Celui qui a été dressé par des officiers publics dans les formes voulues par la loi, et auquel foi doit être ajoutée partout où il est présenté.

ACTE NOTARIÉ. Celui qui a été reçu par deux notaires, ou par un notaire et deux témoins.

ACTE SOUS SEINGS-PRIVÉS. C'est l'acte passé entre deux ou plusieurs parties sans le concours de notaires ni autres officiers publics.

ALÉATOIRE. On appelle *contrat aléatoire* celui

qui renferme des conventions relatives à des événemens incertains et chanceux, tel qu'un pari, une
constitution de rente viagère, etc.

ALIMENS. En droit, ce mot désigne non-seulement la nourriture, mais encore l'habitation, les
vêtemens, le logement, et en général tout ce qui
est nécessaire à la vie. On l'applique même aux
sommes d'argent données pour tenir lieu de toutes
ces choses.

AMEUBLISSEMENT. Convention d'un contrat de
mariage dont l'effet est de faire entrer dans la
communauté les immeubles comme les meubles.

ANTICHRÈSE. Convention par laquelle le débiteur
d'une somme d'argent permet à son créancier de
percevoir par lui-même les revenus des biens qu'il
lui a hypothéqués pour tenir lieu des intérêts qui
lui sont dus.

ARBITRES. Ceux que les parties choisissent pour
décider une contestation qui les divise. La sentence
des arbitres a la même force qu'un jugement rendu
par les juges compétens. Elle peut même être définitive et sans appel, si les parties en sont convenues.

ARRÊT. Nom donné chez nous aux décisions pro-

noncées par les cours royales ou la cour de cassation.

Arrhes. Ce que l'acheteur a coutume de donner
au vendeur pour assurer l'exécution du marché
conclu entre eux.

Ascendans. Ce mot désigne toutes les personnes
dont on est issu, telles que le père, la mère, le
grand-père, le bisaïeul, etc.

Assurance. Convention par laquelle une des
parties se charge, moyennant une somme fixe appelée *prime*, des risques auxquels une chose est
exposée, et s'engage envers l'autre contractant à
l'indemniser des pertes qui pourraient résulter pour
lui de ces cas fortuits. Il y a des assurances contre
les événemens des voyages maritimes, la grêle, les
inondations, l'incendie. L'écrit qui constate cette
sorte de convention s'appelle *police d'assurance*.

Aval. Engagement qu'une personne inscrit sur
un billet de commerce, et par lequel elle promet
d'en acquitter le montant dans le cas où le souscripteur de ce billet ne le ferait point lui-même.
L'aval s'applique également sur une lettre de
change.

Avocats. Ceux qui défendent de vive voix ou par
écrit les intérêts de ceux qui ont des procès.

Avoués. Officiers dont le ministère est indispensable pour intenter une action ou y défendre devant les tribunaux civils. Ils s'appelaient jadis *procureurs*; après la révolution, ils se sont empressés de renoncer à cette ancienne dénomination à laquelle se rattachaient des souvenirs peu favorables, et une sorte de célébrité fâcheuse. Il est à souhaiter que des motifs semblables ne les forcent pas à renoncer bientôt à leur nouvelle qualification.

B.

Bail. Convention par laquelle le propriétaire d'un fonds de terre ou d'une maison en transfère pour un temps limité la jouissance à un autre individu nommé fermier ou locataire, moyennant une somme annuelle appelée fermage ou loyer.

Bans de mariage. Proclamations qui doivent être faites à l'église, et, d'après le Code civil, devant la porte de la maison commune, avant la célébration du mariage.

Bénéfice d'inventaire. Faveur accordée par la loi à l'héritier, et qui consiste en ce qu'il est admis à la succession, sans être obligé de payer les dettes au-delà de la valeur des biens dont elle est composée, pourvu qu'il en ait été fait inventaire dans le temps prescrit.

Billet a ordre. Mot par lequel on désigne, dans le commerce, l'engagement pris par une personne de payer une certaine somme à une époque déterminée. Le caractère du billet à ordre est d'être négociable, et de passer d'un individu à un autre, au moyen de l'endossement.

Bilan. On donne habituellement ce nom à l'état de toutes ses dettes et créances, qu'un négociant est dans l'usage de déposer au tribunal de commerce quand il suspend ses paiemens.

Brevet d'invention. Acte par lequel le gouvernement assure à un individu le droit exclusif de fabriquer et de vendre les objets dont il est l'inventeur.

C.

Caution. C'est la personne qui garantit l'exécution d'une obligation contractée par un autre. Le *cautionnement* est l'acte qui contient cet engagement.

Cheptel. On appelle *bail à cheptel* un contrat par lequel l'une des parties donne à l'autre un fonds de bétail pour le garder, le nourrir, et le soigner sous les conditions convenues entre elles.

Le *cheptel de fer* est celui par lequel le propriétaire d'une métairie la donne à ferme à la charge qu'à l'expiration du bail le fermier laissera des bestiaux d'une valeur égale au prix de l'estimation de ceux qu'il aura reçus à son entrée.

CODE. Recueil de lois.

Code civil. Collection de toutes les lois sur le droit civil, composée de 2281 articles, rédigée sous le gouvernement consulaire, et publiée depuis le 8 mars 1803 jusqu'au 15 mars 1804.

Code de procédure civile. Réunion des lois sur la manière de procéder devant la justice et d'exécuter les jugemens rendus par les tribunaux, contenant 1042 articles, rédigée sous l'empire et publiée du 14 au 22 avril 1806.

Le *Code de commerce*, promulgué le 10 septembre 1807, contient, en 648 articles, les règles de toutes les transactions commerciales.

Le *Code d'instruction criminelle*, décrété le 27 novembre 1807, contient 643 articles, et détermine la manière de poursuivre les crimes, délits et contraventions à l'ordre public.

Enfin le *Code pénal*, promulgué le 12 février 1810, se compose de 484 articles, et détermine les peines qui doivent être appliquées aux coupables, depuis l'homicide ou l'incendie, jusqu'aux infractions au réglement de police.

Ces cinq Codes forment une législation complète. On les voit ordinairement réunis dans un seul volume dont les feuillets sont teints de cinq couleurs différentes.

Codicille. Disposition par laquelle une personne ajoute ou change quelque chose à un testament précédemment fait.

Collocation. Ce mot désigne l'ordre dans lequel on range différens créanciers et suivant lequel ils doivent être payés, de telle sorte que le second ne reçoit rien avant que le premier n'ait été intégralement rempli, et ainsi de suite.

Commissaire-priseur. Officier qui a seul le droit de faire les prisées et estimations d'objets mobiliers, ainsi que les ventes publiques aux enchères de ces mêmes objets.

Communauté de biens. Société établie entre le mari et la femme par contrat de mariage, ou à défaut de contrat, par la force de la loi.

Compensation. C'est une libération réciproque entre deux personnes qui se trouvent au même instant débitrices l'une envers l'autre, et dont l'effet est d'éteindre en même temps les deux dettes.

Compromis. C'est un acte par lequel deux ou

plusieurs personnes entre lesquelles il existe un différend ; nomment des arbitres pour le juger.

CONCILIATION (Bureau de). Lieu où le juge-de-paix donne audience aux parties pour tâcher de les concilier avant qu'elles n'entament un procès.

CONCORDAT. Accommodement par lequel les créanciers d'un négociant failli lui accordent, soit un délai pour s'acquitter, soit même la remise d'une partie des sommes qu'il leur doit.

CONNAISSEMENT. Dans le commerce maritime, on désigne par ce nom un acte rédigé en quatre originaux et contenant l'état des marchandises embarquées sur un navire.

CONSANGUIN. Frère ou sœur consanguins signifient frère ou sœur du côté du père seulement.

COUR DE CASSATION. Le premier corps judiciaire du royaume, chargé de reviser les arrêts et jugemens rendus par tous les tribunaux et cours royales du royaume, et de les casser s'ils paraissent contraires à la loi.

COUR ROYALE. Tribunal de premier ordre établi dans certains chefs-lieux de départemens, et devant lequel sont portés les appels contre les jugemens rendus par les tribunaux civils et de commerce situés dans son ressort. Excepté toutefois dans les affaires d'un intérêt minime et que ces tribunaux jugent sans appel.

Curateur. Celui qui est commis par la justice pour administrer les biens d'une personne en état de minorité, d'interdiction, etc.

D.

Déclaration de naissance. Elle doit être faite par les parens à l'officier de l'état civil, dans les trois jours de l'accouchement.

Déconfiture. État d'insolvabilité d'un débiteur dont les biens ne peuvent suffire au paiement de ses dettes.

Défaut. Jugement prononcé sur la demande de l'une des parties, lorsque l'autre a négligé de se présenter.

Délaissement. On désigne par ce mot l'acte par lequel l'armateur d'un vaisseau assuré en dénonce la perte à l'assureur, en le sommant de lui payer la somme assurée.

Délégation. Acte par lequel un débiteur donne
à son créancier un autre débiteur qui promet de
payer sa dette.

Dépens. Frais faits dans le cours d'un procès.
Les frais sont souvent plus considérables que le
fonds lui-même.

Dépôt. Acte par lequel une personne confie à une
autre une certaine chose qu'elle doit rendre à la
volonté de celui dont elle l'a reçue.

Désaveu de paternité. Acte par lequel un individu proteste qu'il n'est point le père d'un enfant
auquel on prétend qu'il a donné le jour.

Descendans. Tous ceux qui sont issus les uns des
autres, tels qu'enfans, petits-enfans, arrière-
petits-enfans.

Déshérance. Droit en vertu duquel l'État s'em-
pare de la succession d'un individu décédé sans
héritier.

Deuil. Désigne particulièrement la dépense
qu'une veuve est obligée de faire pour l'acquisition
des vêtemens noirs qu'elle doit porter pendant un
an après la mort de son mari.

DISPONIBLE. On appelle *quotité disponible* la part qu'une personne peut librement donner dans ses biens, soit par donation, soit par testament.

DIVORCE. Moyen de dissolution du mariage, aboli en France par la loi du 8 mai 1806.

DOMICILE. Lieu où quelqu'un fait sa résidence ordinaire, et où il a fixé son principal établissement.

DOMMAGES ET INTÉRÊTS. Indemnité qu'on est obligé de payer en réparation du préjudice que l'on a causé à quelqu'un.

DONATION. Acte par lequel le donateur se dessaisit irrévocablement d'une certaine chose en faveur d'une autre personne qui l'accepte. La donation doit sous peine de nullité être faite par acte notarié.

DOT. Ce que la femme apporte au mari pour supporter les charges du mariage.

DOUAIRE. Désignait, dans l'ancien droit français, l'usufruit que la veuve avait sur une partie des biens de son mari.

DROITS CIVILS. Tous ceux qui sont accordés à tous les Français par les lois civiles de leur pays.

E.

ECHÉANCE. Jour où l'on a promis de payer une somme, ou de faire quelque chose.

EMPHITÉOSE. Convention par laquelle le propriétaire d'un fonds en concède la jouissance à une autre personne, soit pour un très-long temps, soit même à perpétuité, à la charge du paiement annuel d'une certaine somme.

ENDOSSEMENT. Terme de commerce qui désigne ce qu'une personne écrit au dos d'un billet ou d'une lettre de change pour les passer à l'ordre d'une autre personne.

ENFANS ADULTÉRINS. Ceux qui sont nés de deux personnes, dont l'une ou toutes les deux à la fois étaient engagées dans les liens du mariage.

ENFANS LÉGITIMES. Ceux qui sont issus d'un mariage valablement contracté.

ENFANS NATURELS. Ceux dont le père et la mère n'étaient point mariés, mais à l'union desquels aucun obstacle légal ne s'opposait.

ENREGISTREMENT. Droit perçu par l'État sur les actes faits entre les particuliers, à raison de leur transcription sur des registres publics. La date des actes sous seing-privé ne devient certaine que par leur enregistrement, et ils ne peuvent être produits en justice que revêtus de cette formalité.

ÉTAT CIVIL. Condition d'une personne dans la société en tant qu'elle est enfant légitime ou naturel de tel père et de telle mère, qu'elle est mariée ou non mariée, etc. Les actes de l'état civil qui constatent cette condition, sont tenus maintenant par les maires ou adjoints; ils l'étaient jadis par les curés, qui, dit-on, souhaitent ardemment de s'en emparer de nouveau.

EXÉCUTEUR TESTAMENTAIRE. Celui qu'une personne a nommé par son testament pour veiller à l'exécution des dispositions qu'il contient.

EXPLOIT. Acte fait par un huissier.

EXPROPRIATION FORCÉE. Vente par autorité de justice des immeubles d'un débiteur à la poursuite de ses créanciers.

F.

Faillite. État d'un commerçant que le désordre de ses affaires force de suspendre ses paiemens, et qui ne peut satisfaire tous ses créanciers. Quand la faillite a pour cause l'inconduite ou la prodigalité, elle prend le nom de *banqueroute*. On l'appelle *banqueroute frauduleuse*, quand elle est accompagnée de mauvaise foi.

Faux. C'est le crime de celui qui fabrique des actes mensongers, en contrefaisant l'écriture et la signature de ceux auxquels il les attribue, ou bien en altérant, d'une manière plus ou moins grave, des actes véritables.

Fidei-commis. Disposition par laquelle un testateur donne tout ou partie de ses biens à une personne chargée de les rendre à une autre. Le fidei-commis est interdit dans le droit actuel.

Forclusion. Déchéance d'un droit faute de l'avoir exercé dans le temps voulu.

Formalités. Ce sont des choses dont l'observation a été ordonnée par la loi, pour qu'un acte soit valide.

FRUITS. On appelle ainsi en droit tous les revenus qu'on retire d'une chose, tels que les productions de la terre, les fermages, les loyers, arrérages de rentes, intérêts, etc.

G.

GAGE. Objet mobilier que l'on met entre les mains de son créancier pour lui assurer le paiement de sa dette.

GAINS DE SURVIE. Avantage que les époux accordent par leur contrat de mariage à celui d'entre eux qui survivra à l'autre.

GROSSE. Copie en gros caractères d'un acte public, tel qu'un acte notarié ou un jugement.

H.

HUISSIER. Officier ainsi appelé parce que autrefois il gardait la porte ou l'huis des tribunaux, et dont le ministère consiste à assigner les parties devant les tribunaux, à signifier et à exécuter les jugemens.

HYPOTHÈQUES. C'est un droit qu'un créancier a

sur l'immeuble appartenant à son débiteur, et en vertu duquel il peut suivre cet immeuble en quelques mains qu'il passe, et le faire vendre en justice pour obtenir son paiement. On appelle conservateur des hypothèques, un fonctionnaire chargé d'inscrire sur des registres publics les hypothèques consenties par des particuliers.

I.

IMMEUBLES. Ce sont les fonds de terre, tels que prés, champs, et les bâtimens de toute espèce.

INDIGNITÉ. Ce mot s'applique à ceux qui, ayant été condamnés pour avoir donné ou tenté de donner la mort à celui dont ils étaient héritiers présomptifs, ayant intenté contre lui une accusation capitale jugée calomnieuse, ou qui n'ayant point dénoncé le meurtre dont il avait été victime, sont pour ce motif exclus de sa succession.

INDIVIS. On donne ce nom à un bien possédé en commun et sans distinction de part par plusieurs personnes.

INGRATITUDE. L'ingratitude du donataire envers le donateur rend la donation entre-vifs révocable.

INSCRIPTION HYPOTHÉCAIRE. Mention qu'un créancier fait faire sur les registres du conservateur des hypothèques, de l'hypothèque qu'il a sur les immeubles de son débiteur.

INTÉRÊT. Ce qu'un créancier retire de son argent. L'intérêt est fixé à cinq pour cent en matière civile, et à six en matière de commerce. Les prêts faits à un taux plus élevé sont considérés comme *usuraires*.

INVENTAIRE. État détaillé fait par un notaire de tous les meubles, titres, papiers dépendant d'une succession.

J.

JEU. La loi n'accorde point d'action pour les dettes de jeu.

JUGEMENT. Décision prononcée publiquement par un tribunal sur une contestation élevée entre particuliers.

L.

LÉGATAIRE. Celui au profit de qui une donation a été faite par testament.

Le *légataire universel* est celui auquel le défunt laisse l'intégralité ou une quotité de ses biens, telle que la moitié, le tiers, le quart, etc., ou telle encore que la moitié, le tiers, le quart, etc., de ses immeubles ou de son mobilier. Le *légataire particulier* est celui auquel le testateur ne laisse qu'un objet particulier, tel qu'une somme d'argent, une ferme, des bijoux, etc.

LÉGITIMATION. C'est l'acte par lequel un enfant naturel est mis au rang des enfans légitimes. La légitimation n'a lieu que quand le père et la mère se marient, et qu'ils ont reconnu leur enfant, soit par un acte authentique antérieur au mariage, soit dans leur contrat ou dans l'acte de célébration dressé par l'officier de l'état civil.

LEGS. Donation faite par testament.

LETTRE DE CHANGE. Terme de commerce qui désigne l'acte du billet écrit par lequel un marchand ou autre personne transporté à une autre les fonds qu'elle a à toucher dans un autre endroit, moyennant un prix ordinairement déterminé sur la place, et qu'on appelle *change*. Les lettres de change entraînent la contrainte par corps, même contre les non-commerçans.

LIQUIDATION. C'est l'acte par lequel on établit le

compte de ce qui revient à chacun des co-héritiers dans une succession, où à chacun des co-associés dans une société qui a été dissoute.

M.

MAIN-LEVÉE. Acte par lequel une personne déclare se désister d'une saisie, d'une opposition, d'une inscription d'hypothèques par elle formées.

MAJORITÉ. Age auquel on est capable de tous les actes de la vie civile.

MARCHANDE PUBLIQUE. C'est la femme qui fait le commerce avant son mariage, ou qui pendant son mariage exerce un négoce distinct de celui de son mari.

MATERNITÉ. C'est la qualité de mère. Le Code civil autorise la recherche de la maternité lorsqu'elle est contestée, c'est-à-dire qu'il permet de prouver qu'un enfant est né d'une femme, quoique celle-ci ne veuille point le reconnaître.

MEUBLES. Ce mot, employé seul, ne comprend pas l'argent comptant, les pierreries, les livres, chevaux, armes, etc.; *biens meubles*, effets mobiliers ; comprend généralement tous les objets qui ne sont point *immobiliers*. *Meubles meublans* ne s'applique qu'aux meubles destinés à l'usage et à l'ornement des appartemens.

MINORITÉ. État de celui qui n'a point atteint vingt-un ans, et est présumé par la loi manquer des lumières nécessaires pour la conduite de sa personne et l'administration de ses biens.

MITOYEN. On appelle mur, fossé, etc., mitoyen, celui qui appartient en commun à deux propriétaires voisins.

N.

NATURALISATION. Acte par lequel le souverain accorde aux étrangers la qualité et les droits de Français.

NOTAIRE. Fonctionnaire public autrefois nommé *tabellion*, dont l'institution remonte à Charlemagne, et qui est établi pour recevoir tous les actes et contrats auxquels les parties doivent ou veulent donner le caractère d'authenticité attaché aux actes de l'autorité publique, pour conserver le dépôt de ces actes, pour en délivrer des copies appelées *grosses* ou *expéditions*.

Novation. Changement d'une obligation en une autre.

Nullité. Vice qui rend un acte comme non-avenu, et l'empêche de produire son effet.

O.

Obligation. Terme générique qui désigne tout acte par lequel une personne s'engage envers une autre à donner, à faire ou ne pas faire quelque chose.

Obligation solidaire. Celle qui est contractée par plusieurs débiteurs en même temps, de manière que chacun puisse être contraint de payer la totalité.

Ordre de créanciers. On appelle ainsi une procédure fort longue et fort coûteuse par laquelle on détermine le rang dans lequel le prix d'un immeuble, saisi et vendu en justice, sera partagé entre les créanciers.

P.

Paraphernal (bien). Les biens paraphernaux

sont ceux appartenant à une femme mariée non compris dans sa dot, et dont elle a la libre administration.

Partie civile. Celui qui poursuit en son nom un accusé devant les tribunaux criminels pour en obtenir des dommages et intérêts proportionnés au préjudice qu'il lui a causé. Le ministère public peut seul prendre des conclusions pour l'application des peines.

Patente. Acte délivré par l'autorité publique moyennant une certaine somme, et dont doit être muni tout commerçant, sous peine d'amende.

Polygamie. État d'un homme marié en même temps à plusieurs femmes, ou d'une femme mariée à plusieurs hommes.

Portion indisponible. La part des biens dont le Code civil interdit de disposer par donation entre vifs et testament, et qu'il assigne d'avance à certains héritiers appelés *héritiers réservés*.

Préciput. Droit accordé à un des époux de prélever une portion des biens mobiliers de la communauté avant le partage.

Prescription. On désigne par ce mot l'acquisition du droit de propriété sur une chose, par la possession continuée pendant le temps fixé par la loi, ou la libération d'une obligation dont l'exécution n'a point été réclamée pendant un certain laps de temps. Le temps le plus long pour prescrire est de trente ans.

PRISE A PARTIE. Recours qu'un plaideur, dans certains cas, est admis à exercer contre son juge, pour le faire déclarer responsable de tous dépens, dommages et intérêts résultant d'un jugement rendu par lui.

PRIVILÉGE DE CRÉANCE. Droit résultant de la qualité de la créance, et qui en assure le paiement par préférence aux créances hypothécaires elles-mêmes.

PROCÈS-VERBAL. Tout acte par lequel un officier public déclare et atteste ce qui a été fait et dit en sa présence.

PRODIGALITÉ. Habitude de se livrer à des dépenses inutiles et exagérées. On donne au prodigue un conseil judiciaire, sans l'assistance duquel il ne peut faire aucun acte important.

PROPRE. Bien appartenant à l'un des époux, et ne faisant point partie de la communauté.

Q.

QUASI-CONTRAT. Fait volontaire d'une partie, d'où il résulte pour elle une obligation. Ainsi, celui qui reçoit par erreur une somme qui ne lui était pas due, est engagé à la restituer.

QUASI-DÉLIT. Fait par lequel une personne sans intention de nuire cause à autrui un dommage qu'elle est obligée à réparer.

R.

RAPPORT A SUCCESSION. Acte par lequel un cohéritier rapporte à la masse de la succession ce qui lui avait été donné par le défunt, afin que l'objet de cette donation soit compris dans le partage général, et que l'égalité ne soit pas violée.

RÉCOMPENSE. Ce qu'un époux doit rendre à l'autre pour avoir profité de son bien.

RÉDHIBITOIRE. On appelle *vices rédhibitoires* les défauts cachés de la chose vendue, qui autorisent l'acheteur à demander la nullité de son marché.

RÉMÉRÉ (*vente d*). Vente d'une maison ou toute autre chose que le propriétaire se réserve le droit de racheter de l'acquéreur, dans un délai qui ne peut excéder cinq ans.

RENONCIATION A LA COMMUNAUTÉ. C'est l'acte par lequel une femme ou ses héritiers renoncent à leur part dans les biens de la communauté, pour s'affranchir de la part dont ils auraient été tenus dans les dettes.

RENONCIATION A SUCCESSION. Acte dont l'effet est de faire considérer celui qui était héritier, comme ne l'ayant jamais été.

REPRISE. Bien qu'un époux survivant est autorisé à reprendre sur la succession de l'autre.

RÉSERVE. Portion de biens dont on ne peut disposer au préjudice de certains héritiers (voy. *Portion disponible*).

RÉVOCATION. Acte par lequel on déclare nulle et comme non-avenue, la disposition contenue dans un acte antérieur.

S.

SAISIE-ARRÊT. Celle qu'un créancier fait sur son débiteur entre les mains d'une personne qui lui doit quelque chose, afin que cette personne ne paie point ce qu'il doit au préjudice du saisissant.

Saisie-brandon. Celle qui est pratiquée sur des fruits non encore récoltés.

Saisie-exécution. Celle qui est pratiquée sur des objets mobiliers qui doivent être vendus aux enchères publiques.

Saisie-immobilière. Celle qui a lieu sur des immeubles pour en obtenir l'expropriation forcée (voy. ce dernier mot).

Scellés. Apposition du sceau du juge de paix sur certains objets, pour en assurer la conservation. On met les scellés sur les biens d'une succession, d'un failli, etc.

Séparation de biens (voy. pag. 48, 62 et suiv.)

Séparation de corps (voy. pag. 59 et suiv.)

Séquestre. Dépôt d'une chose dont la propriété est contestée, dans les mains d'un tiers.

Servitude. Assujetlissement d'un domaine envers un autre domaine, par suite duquel le propriétaire est forcé de souffrir certaines incommodités; par exemple, de recevoir sur son fonds les eaux du fonds voisin, de donner un passage, une vue, etc.

Société. Convention en nom collectif, par laquelle deux ou plusieurs personnes se réunissent pour faire le commerce sous une raison sociale, dont les noms des associés peuvent seuls faire partie.

Société en commandite. Celle qui se contracte entre un ou plusieurs associés responsables et solidaires, et un ou plusieurs associés, simples bailleurs de fonds. Ces derniers ne peuvent gérer la société, ils participent seulement au bénéfice et aux pertes, sans pouvoir être tenus des dernières, au-delà des fonds qu'ils ont mis dans la société.

Société anonyme. Celle qui n'existe point sous un nom social, et qui n'est qualifiée que par l'objet de son entreprise ; telles sont les compagnies d'assurance contre l'incendie. Elle est administrée, soit par des associés, soit par de simples agens choisis par eux ; elle ne peut se former qu'en vertu d'une ordonnance du Roi.

Solidarité (voyez *obligation*.)

Sommation respectueuse. Un acte respectueux fait par deux notaires, et par lequel un enfant demande le consentement de ses père et mère, pour le mariage qu'il a le projet de contracter.

Substitution (voyez *fidéi-commis*). Elles sont prohibées par le Code civil.

Subrogé tuteur. Celui qui est nommé par le conseil de famille, pour veiller aux intérêts du mineur quand ils sont opposés à ceux du tuteur.

T.

Testament. Acte de dernière volonté par lequel on dispose de ses biens.

Le testament olographe est celui qui est écrit, daté et signé par le testateur.

Le testament par acte public est reçu par deux notaires et deux témoins, ou par un notaire et quatre témoins.

Titre. Acte qui sert à constater un droit ou une qualité ; ainsi les titres de propriété sont les actes qui justifient qu'on est légitimement propriétaire d'un immeuble.

Transaction. Arrangement amiable pour prévenir ou terminer un procès.

Transcription hypothécaire. Transcription que l'acquéreur d'un immeuble doit faire faire dans son contrat de vente sur les registres du conservateur des hypothèques. Cette formalité est indispensable pour purger l'immeuble des hypothèques dont il peut être grevé.

Transport. Acte par lequel on cède à une personne un droit ou une créance dont on était propriétaire.

Tuteur. Celui qui est chargé d'administrer la personne et les biens d'un mineur.

U.

Utérin. Frère et sœur utérins, frère et sœur de mère seulement.

Usufruit. C'est le droit de jouir d'une chose dont un autre conserve la propriété, d'en recueillir tous les fruits, d'en percevoir tous les revenus, à la charge d'en conserver la substance.

V.

Viagère (*rente*). Celle qu'une personne s'oblige, au moyen d'une somme qui lui a été une fois payée, de servir annuellement pendant la durée entière de la vie, soit d'une personne, soit de plusieurs.

FIN DU VOCABULAIRE.

TABLE

ANALYTIQUE ET RAISONNÉE

DES MATIÈRES CONTENUES DANS LE CODE DES FEMMES.

FIN DE LA TABLE.

LIBRAIRIE

DE JURISPRUDENCE

DE

J. P. RORET,

ÉDITEUR

DES ŒUVRES COMPLÈTES DE MERLIN,

Quai des Augustins, n° 17 bis.

SOUSCRIPTIONS.

RÉPERTOIRE UNIVERSEL ET RAISONNÉ DE JURISPRUDENCE, ouvrage de plusieurs jurisconsultes, réduit aux objets dont la connaissance peut encore être utile, et augmenté, 1° des changemens apportés aux lois anciennes par les lois nouvelles, tant avant que depuis l'année 1814; 2° de dissertations, de plaidoyers et de réquisitoires sur les uns et les autres. Cinquième édition, revue, corrigée et fondue

a

arec les additions faites depuis 1815, aux éditions précédentes; dix-huit volumes in-4°.

RECUEIL ALPHABÉTIQUE DES QUES-
TIONS DE DROIT qui se présentent le plus
fréquemment dans les tribunaux; quatrième édition, comprenant sous chaque article toutes les
additions faites aux précédentes; huit volumes
in-4°, par M. *Merlin*, ancien procureur-général
à la Cour de Cassation. Cette refonte générale
du *Répertoire* et des *Questions de Droit* formera
vingt-six volumes in-4°.

14 volumes sont en vente. Le prix de chaque volume est
de...................................... 18 fr.

Pour fournir aux personnes qui possèdent les éditions
précédentes les moyens de les compléter, nous avons fait
imprimer dans des volumes séparés toutes les additions
faites tant au *Répertoire* qu'aux *Questions de droit*.

EN VENTE:

RECUEIL ALPHABÉTIQUE DES QUES-
TIONS DE DROIT, tome septième. Additions
aux articles contenus dans les *première, deuxième*
et *troisième* éditions. Un gros volume in-4°.
Prix...................................... 20 fr.

Le tome huitième est sous presse.

TABLE GÉNÉRALE alphabétique et raisonnée des matières contenues dans le *Répertoire
de Jurisprudence* et dans le *Recueil alphabétique
des Questions de Droit* de M. *Merlin*, suivie de
tables, 1° des lois romaines, 2° des lois étrangères, 3° des lois françaises et actes du gouvernement avant et depuis 1789, 4° des auteurs
cités dans les deux ouvrages; par *L. Rondonneau*, ancien propriétaire et fondateur du dépôt des lois.

Cette Table générale et alphabétique des matières, et les
quatre Tables particulières, peuvent s'appliquer aux différentes éditions du *Répertoire* et des *Questions de Droit*, par
l'attention que l'auteur a eue de citer le mot de matière
avec l'indication des titres, section, paragraphe, article et
numéro, lorsque le mot comprend ces divisions et subdivisions.

Conditions de la Souscription.

L'ouvrage formera un gros volume in-4°, du prix de
25 francs pour les souscripteurs. Il sera publié par livraison
de 25 feuilles ou 200 pages. Le prix de chaque livraison est
de.. 5 fr.

La première est en vente, les autres suivront de deux en
deux mois.

M. Merlin, dans une lettre qu'il a écrite à M. Rondon-

neau*, a donné l'assentiment le plus prononcé à cet im-
mense travail.

LE PARFAIT NOTAIRE ou LA SCIENCE DU
NOTARIAT, par *A. J. Massé*, notaire honoraire
à Paris, et ancien professeur de notariat à l'Académie de Législation, contenant : 1° Un traité
des fonctions des Notaires, de leurs attributions
et de leurs devoirs, des solennités et des effets
de leurs actes, d'après la loi du 25 ventôse
an XI, sur l'organisation du Notariat : les autres
lois, décrets, arrêtés et ordonnances qui ont
été rendues depuis, et les anciennes ordonnances qui peuvent encore recevoir leur application au nouveau droit; 2° Un traité des
actes, des conventions, des contrats et des obligations en général ; 3° Un traité particulier sur
chaque espèce de contrat ou d'acte, suivi des

---

* « Je ne puis qu'être extrêmement flatté qu'un talent aussi
« inimitable que le vôtre, pour le genre très utile d'ouvrages
« auquel vous vous êtes livré, veuille bien descendre jusqu'à
« s'appliquer à mes recueils; et si je dois juger du tout par
« l'essai que vous m'avez adressé, je prédis d'avance qu'il ne
« manquera rien à votre travail pour être parfait dans son
« espèce.
« Bruxelles, ce 13 avril 1820.
Signé MERLIN. »

formules de rédaction; 4° Un Recueil des lois et actes du Gouvernement sur l'organisation du Notariat; 5° Les lois sur le timbre et l'enregistrement, et sur les droits de greffe, en ce qui concerne les notaires. Sixième édition, revue, corrigée et considérablement augmentée.

Publié pour la première fois en 1804, après la promulgation des derniers titres du Code civil, le *Parfait Notaire* de M. Massé est un de ces ouvrages classiques dont le succès, toujours croissant depuis le moment de leur publication, dépose de leur mérite et de leur utilité.

Toutefois, depuis la publication de la cinquième édition, la législation a subi des améliorations notables, et la jurisprudence des Cours a résolu un grand nombre de questions importantes; une sixième réimpression du *Parfait Notaire*, en harmonie avec ces modifications récentes, était donc devenue nécessaire.

Les améliorations et les additions considérables dont M. Massé a enrichi son précieux travail assurent à cette sixième édition une place distinguée, non seulement dans la bibliothèque du notaire, mais dans celle du jurisconsulte, du magistrat, et du simple particulier appelé souvent aussi à passer des actes dont dépendent sa fortune et son repos.

Conditions de la Souscription.

Le *Parfait Notaire*, sixième édition, formera trois gros volumes in-4°. Prix . . . . 45 fr.

a.

Les deux premiers volumes sont en vente, et le troisième paraîtra le 15 février prochain.

REPERTOIRE DE LA JURISPRUDENCE DU NOTARIAT. Cinq forts volumes in-8° ; par une société de Magistrats, de Jurisconsultes et de Notaires, sous la direction de M. Rolland de Villargues, Juge au Tribunal civil de Paris, Auteur du Traité *des Substitutions prohibées*, etc., suivi d'un journal intitulé *Jurisprudence du Notariat*, qui paraît en un cahier de quatre feuilles chaque mois, à compter du 1er *janvier* 1828. Prix de l'abonnement pour un an. . . . . 15 fr.

Conditions de la Souscription.

Ce répertoire sera composé de cinq forts volumes in-8°, imprimés sur deux colonnes.

Les volumes paraîtront successivement de deux mois en deux mois.

Le prix de chaque volume est de. . . . . 8 fr.

Le premier volume est en vente.

REPERTOIRE DE JURISPRUDENCE, tomes 16 et 17, faisant suite à la quatrième édition. Prix de chaque volume. . . . . . 18 fr.

—— Tomes 14, 15, 16, 17 et 18, faisant suite

à la troisième édition. Prix de chaque volume.
. . . . 18 fr.

QUESTIONS DE DROIT; tome 6, faisant
suite à la deuxième édition. Prix . . . . . 18 fr.

SOUS PRESSE.

QUESTIONS DE DROIT, tome 8. *Additions
aux articles contenus dans les première, deuxième
et troisième éditions,* 1 gros volume in-4°.
Prix. . . . . 20 fr.

LES SIX CODES EN MINIATURE, con-
tenant la Charte constitutionnelle, la corréla-
tion des articles des Codes entre eux, une table
alphabétique à la suite de chaque Code, et un
appendice contenant les lois sur le sacrilége,
sur les substitutions, sur la liberté de la presse,
et leur rapport avec les Codes d'instruction
criminelle et pénale; sur les chemins vicinaux
sur l'abolition du divorce; sur le droit d'au-
baine; sur les intérêts; sur le notariat; celle
du 25 juin sur les modifications du Code pénal; les ordonnances sur la profession d'avo-

cat et la plaidoirie ; le tarif des frais et dépens en matière civile ; le tarif des frais en matière criminelle ; la loi sur le jury, etc. Un volume in-32. Prix............... 6 fr.

Ce joli volume, chef-d'œuvre d'exécution typographique, imprimé sur papier coquille vélin, indispensable, non seulement aux jurisconsultes, aux avocats et aux fonctionnaires, mais encore à tous les simples citoyens jaloux de connaître leurs droits, est suivi d'une *Table analytique des matières contenues dans les six Codes.*

Le *Code forestier*, pouvant s'appliquer à toutes les éditions in-32, se vend séparément............. 1 fr.

ÉLÉMENS DES INSTITUTES DE L'EMPEREUR JUSTINIEN, précédés d'un coup d'œil rapide sur l'histoire du Droit romain, depuis la fondation de Rome jusqu'aux temps modernes ; par *Humbert-Ferrand*, avocat ; un vol. in-18 (1827). Prix............... 3 fr.

Les *Élémens des Institutes de l'empereur Justinien* seront classés parmi les livres élémentaires : les étudians s'en serviront comme d'un manuel ; il sera un *memento* pour les jurisconsultes ; les gens du monde y puiseront d'indispensables notions, et sa place est assignée d'avance dans toutes les bonnes bibliothèques.

DES FEMMES PUBLIQUES ET DES LIEUX DE DÉBAUCHE EN FRANCE, sous

le rapport de la législation; par M. *S.*, avocat; un volume in-8° de 400 pages (1828).

Prix. . . . . 5 fr.

Ce traité, fruit de longues recherches, présente l'historique complet de la législation ancienne et moderne sur cet important sujet; il est divisé en trois parties : dans la première, l'auteur traite de la législation romaine; dans la seconde, de la législation française avant 1789; et dans la troisième, de la législation depuis cette époque jusqu'à nos jours.

Les jurisconsultes les plus distingués ont honoré cette publication de leur suffrage : elle a surtout mérité l'approbation de M. Legraverend.

PROCÉDURE CIVILE DES TRIBUNAUX DE FRANCE (la), par *Pigeau;* quatrième édition, revue, corrigée, et augmentée de notes, par M. *Crivelli.* Deux gros volumes in-4° (1828).

Prix . . . . 42 fr.

COMMENTAIRE SUR LE CODE DE PROCÉDURE CIVILE; ouvrage posthume de *Pigeau,* professeur de procédure civile, etc., etc.; édition publiée sous la direction de MM. Poncelet, Gaudry et Championnière, avocats. Deux très forts volumes in-4° (1827) (nouvel ouvrage).

Prix. . . . . 42 fr.

PANDECTÆ JUSTINIANEÆ, in novum ordinem digestæ, cum legibus codicis et novellis, auctore *J.-R. Pothier*. Cinq volumes in-4°. Prix. . . . . 90 fr.

ANALYSE RAISONNÉE DU CODE DE COMMERCE, par M. *Montgalvy*, avocat aux conseils du roi et à la cour de cassation, et M. *Germain*, avocat à la cour royale de Paris. Deux volumes in-4°. Paris, 1824. . . . 25 fr.

TRAITÉ DE L'ARBITRAGE en matière civile et commerciale, par M. *Montgalvy*, avocat aux conseils du roi et à la cour de cassation. Un volume in-12. Prix. . . . . 3 fr. 50 c.

TRAITÉ GÉNÉRAL DE L'ARBITRAGE en matière civile et commerciale, par M. *Goubeau de la Bilenneric*, président du tribunal civil de Marennes. Deux volumes in-8°. Prix. . . 12 fr.

CODE FORESTIER, avec les Motifs, la Discussion des deux Chambres, des Observations sur les Articles et l'Ordonnance d'exécution, publié, de concert avec M. le baron *Favard de Langlade*, rapporteur de la Commission de la Chambre des Députés, par M. *Brousse*, avo-

cat, chef du bureau du Contentieux au ministère de la maison du roi. Un volume in-8°.
Prix......................... 7 fr.

LES CINQ CODES ANNOTÉS, par *Sirey*.
Un fort volume in-4°, papier fin, grand raisin,
de 140 feuilles, à trois colonnes (1827).
Prix...................... 25 fr.

COLLECTION COMPLÈTE DES LOIS,
Décrets, Ordonnances, Réglemens, et Avis du
Conseil d'Etat, publiée sur les éditions officielles
(de 1788 à 1824 inclusivement, par ordre chronologique); avec un choix d'instructions minis-
térielles, et de notes sur chaque loi, indiquant,
1° les lois analogues; 2° les décisions et arrêts
des tribunaux et du Conseil d'Etat; 3° les discussions rapportées au *Moniteur*; suivie d'une
table analytique et raisonnée des matières; par
J.-B. Duvergier, avocat à la Cour royale de
Paris; 24 volumes in-8°, en petit texte, sur
deux colonnes. Le prix de chaque volume est
de .... 7 fr. 50 c.

DU SYSTÈME PÉNAL ET DU SYSTÈME
RÉPRESSIF EN GÉNÉRAL, DE LA PEINE
DE MORT EN PARTICULIER, ouvrage qui,

dans les deux concours ouverts par M. le comte de Sellon, membre du conseil souverain de Genève, et par la société de la Morale Chrétienne, *a été couronné à Genève, le 2 avril, et à Paris, le 26 du même mois*; par *Ch. Lucas* (de Saint-Brieux), avocat à la Cour royale de Paris. Un vol. in-8°, de 600 pages, beau papier, accompagné de tableaux. Prix. 8 fr.

ESPRIT DE LA JURISPRUDENCE inédite du Conseil-d'État, sous le consulat et l'empire, en matière d'émigration, de domaines nationaux, etc.; par M. *P. Desrochettes*, avocat, secrétaire particulier de M. le baron de Cormenin. Deux forts vol. in-8°. Prix. 12 fr.

FAILLITES ET BANQUEROUTES (des), suivi du titre de la revendication en matière commerciale, et de quelques observations sur la déconfiture, par *P.-S. Boulay-Paty* (de la Loire-Inférieure), ancien député au Corps-Législatif, conseiller à la Cour royale de Rennes, et auteur d'un Cours de droit commercial maritime. Deux volumes in-8°. Prix. . . . . 12 fr.

LES LOIS DE LA PROCÉDURE CIVILE, ouvrage dans lequel l'auteur a refondu son analyse raisonnée, son traité et ses questions sur la procédure, par *G.-L.-J. Carré*, professeur de la faculté de droit de Rennes. Trois volumes in-4° (1827). Prix.......... 54 fr.

LES LOIS DE L'ORGANISATION et de la Compétence des Juridictions civiles, expliquées par les principes de la théorie, les doctrines des publicistes, des jurisconsultes, et les décisions des cours souveraines; par Monsieur *G.-L.-J. Carré*, professeur de la faculté de droit de Rennes. Deux volumes in-4°. 42 fr.

LOIS DES BATIMENS, ou le Nouveau Desgodets, par *Lepage*. Deux volumes in-8°, Prix................................. 6 fr.

MANUEL DE DROIT FRANÇAIS; par *J.-B.-J. Pailliet*, avocat de la Cour royale d'Orléans. Gros in-8° de 1700 pages. Prix 22 fr. Le même, gros volume, in-12. Prix.. 15 fr.

OEUVRES DE POTHIER, contenant les traités du droit français; nouvelle édition, mise en meilleur ordre, et publiée par les soins de M. *Dupin*; augmentée d'une dissertation sur la vie et les ouvrages de ce célèbre jurisconsulte,

b

par le même ; ornée de portrait et *fac-simile*. Onze gros volumes in-8°, beau papier fin satiné, caractère neuf. Prix.......... 99 fr.

OEUVRES COMPLÈTES DU CHANCELIER D'AGUESSEAU, nouvelle édition, augmentée de pièces inédites et d'un discours préliminaire ; par M. *Pardessus*. Seize gros volumes in-8°, ornés d'un beau portrait (Paris, 1819). Prix............................ 96 fr.

OEUVRES COMPLÈTES DE COCHIN, classées par ordre de matières ; suivies d'une table analytique, et précédées d'un discours préliminaire ; nouvelle édition. Huit gros vol. in-8°, ornés d'un beau portrait (Paris, 1822). Prix........................... 48 fr.

OEUVRES DE J. DOMAT, par M. *Carré*, avocat à la Cour royale de Paris. Neuf volumes in-8°, ornés d'un portrait. .... 36 fr.

POTHIER analysé dans ses rapports avec le Code civil, et mis en ordre sous chacun des articles de ce Code ; où les législations ancienne et nouvelle comparées ; par *P.-A. Fenet*, avocat à la Cour royale de Paris. Un vol. in-8° (1826). Prix..................... 9 fr.

PRATIQUE DES COURS D'EAU, par *A. Daviel*, avocat à la Cour royale de Rouen. Un volume in-8°. Prix . . . . 6 fr.

TRAITÉ DES ASSURANCES et des Contrats à la Grosse d'Emérigon, conféré et mis en rapport avec le nouveau Code de commerce et la jurisprudence, suivi d'un vocabulaire de termes de marine et des noms de chaque partie d'un navire; par *P.-S. Boulay-Paty* (de la Loire-Inférieure) (1827). Deux volumes in-4°. Prix . . . . 36 fr.

TRAITÉ DES DONATIONS, des testamens et de toutes autres dispositions gratuites, suivant les principes du Code civil; par M. le baron *Grenier*, premier président de la Cour royale de Riom; troisième édition. Deux gros volumes in-4° (1827). Prix . . . . 30 fr.

TRAITÉ DES HYPOTHÈQUES, par le même; deuxième édition. Deux gros vol. in-4°. Prix . . . . 26 fr.

TRAITÉ DE LA LÉGISLATION CRIMINELLE EN FRANCE, par M. *Legraverend*, maître des requêtes au conseil du roi, ancien directeur des affaires criminelles et des grâces au ministère de la justice; deuxième édition, revue, corrigée, considérablement augmentée. Deux gros volumes in-4°. Prix. . . . . 42 fr.

TRAITÉ du Gouvernement des Paroisses; par M. *Carré*. In-8°. Prix. . . . . 7 fr.

MANUEL DU JURY, ou Commentaire sur la loi du jury, suivi de la Théorie du Jury, par Bourguignon, conseiller honoraire et avocat à la Cour royale de Paris. Un gros volume in-8. Prix . . . . 7 fr.

CODE PRATIQUE DES PROPRIÉTAIRES, par Laterade, avocat à la Cour royale de Paris. Un vol. in-8., deuxième édition. . . 6 fr.

CODE VOITURIN, ou Lois et Réglemens sur les roulages, les diligences, etc. Un vol. in-8. . . . . 6 fr.

CODE DES PHARMACIENS, par le même. Un vol. in-12, deuxième édition. . . . . . . 3 fr.

TENUE DES LIVRES, par Jaclot; deuxième édition. Ouvrage adopté par les écoles de commerce de Lyon, Bordeaux, etc., etc. Un vol. in-8. . . . . 7 fr.

COURS DE DROIT FRANÇAIS, par Duranton, professeur en la faculté de droit de Paris. Seize vol., dont six publiés. Chaque 7 fr.

TRAITÉ DU DROIT D'USUFRUIT, par Proudhon, professeur en la faculté de droit de Dijon. Neuf vol.; chaque .... 7 fr. 50 c.

COURS DU CODE CIVIL, par Delvincourt. Trois vol. in-4., dernière édition ..... 48 fr.

STYLE DES HUISSIERS, par Leglize. Cinq vol. in-8.; dernière édition.......... 32 fr.

COMPÉTENCE DES JUGES DE PAIX, par le président Henrion de Pansey, in-8., dernière édition. .... 7 fr. 50 c.

COURS DE DROIT COMMERCIAL, par Pardessus. Cinq vol. in-8., dernière édit. 36 fr.

TRAITÉ DES SERVITUDES, par Pardessus. Un vol. in-8.; dernière édition. 7 fr. 50 c.

TRAITÉ DES PRIVILÉGES ET HYPOTHÈQUES, par Battur. Deux vol. in-8. 12 fr.

JURISPRUDENCE DES CODES CRIMINELS, par Bourguignon. Trois vol. in-8., dernière édition. .... 24 fr.

CODE DES CHEMINS VICINAUX. Un vol. in-8................... 5 fr. 50 c.

BARREAU FRANÇAIS ; collection des chefs-d'œuvre de l'éloquence judiciaire en France, ancien et nouveau Barreau, recueillis par MM. Clair et Clapier, avocats. Seize volumes in-8................... 96 fr.

ESPRIT DU CODE DE PROCÉDURE CI-VILE, par le baron Locré, ancien secrétaire du conseil d'Etat. Cinq vol. in-8........ 30 fr.

TABLES A L'USAGE DES EMPLOYES AUX CONTRIBUTIONS INDIRECTES, par M. Dumoustier. Un gros vol. in-12, deuxième édition,................... 4 fr. 50 c.

FORMULAIRE MUNICIPAL, ouvrage composé pour les mairies de toutes les classes, et utile à MM. les juges de paix et à tous les juris-consultes, par Miroir, secrétaire en chef de la mairie de Grenoble. Deux vol. in-8., dernière édition................... 15 fr.

CODE DES FEMMES, ou Analyse complète et raisonnée de toutes les dispositions législa-tives qui règlent les droits et devoirs de la femme dans les différentes positions de la vie; par M. Carré, avocat. Un vol. in-18. Prix 3 fr. 50 c.

ESPRIT, Origine et Progrès des institutions judiciaires des principaux pays de l'Europe, par Meyer, d'Amsterdam. Cinq volumes in-8. Prix. . . . . 40 fr.

TRAITE ELEMENTAIRE DE LA PROCE-DURE CIVILE, par L.-F. Auger. Ouvrage utile aux jeunes gens qui travaillent chez l'avoué, ou l'huissier, et généralement à toutes les personnes qui se livrent à l'étude de la procédure. Un vol. in-8. (Avril 1828.). . . . . 7 fr.

LITTÉRATURE.

ATLAS DU ROYAUME DE FRANCE, par MM. *J. Auspick* et *A.-M Perrot*, seconde édition.

L'Atlas complet se compose de 78 cartes et de leurs tableaux, avec titres, faux-titres, table, avant-propos; le tout forme un volume in-fol. oblong de plus de 200 feuilles, imprimé sur papier vélin, et élégamment cartonné. Prix.................... 210 fr.

Chaque département *séparé* (celui de la Corse *excepté*). Prix.. 2 fr.

Le département de la Corse. Prix............................ 3 fr.

BIBLIOTHÈQUE DU VOYAGEUR.

OEUVRES COMPLÈTES DE J.-J. ROUSSEAU, sur coquille vélin superfine. Un seul volume in-8°, cartonné. Prix... 50 fr.

OEUVRES COMPLÈTES DE LA FONTAINE, imprimées sur papier vélin, avec des vig. sur bois par Thompson. Un seul vol. in-8° Prix... 20 fr.

OEUVRES COMPLÈTES DE MOLIÈRE, sur papier vélin d'Annonay. Un seul volume in-8°, broché. Prix.......... 15 fr.

OEUVRES COMPLÈTES DE VOLTAIRE, sur coquille vélin superfin. Trois volumes in-8°, cartonnés à la Bradel. Prix... 150 fr.

ENCYCLOPÉDIE PORTATIVE, ou Résumé universel des sciences, des lettres et des arts, en une collection de traités séparés formant la bibliothèque complète de l'Amateur; par une Société de savans et de gens de lettres; sous la direction de M. *C. Bailly de Merlieux*, avocat à la Cour royale de Paris, membre de plusieurs sociétés savantes, auteur de divers ouvrages sur les sociétés, etc., etc. Quatre-vingts volumes grand in-32, ornés de planches et de vignettes, impression, papier et couvertures de luxe.

Les traités publiés forment 21 livraisons. Prix de chaque livraison.. 3 fr. 50 c.

— ◦ —

BIBLIOTHÈQUE LATINE-FRANÇAISE, ou Collection des classiques latins, avec la traduction en regard, publiée sous la direction de M. *Jules Pierrot*, professeur de rhétorique au collège de Louis-le-Grand. Prix de chaque volume.......... 7 fr.

BIOGRAPHIE DES CONTEMPORAINS, par MM. *Arnault, Jay, Jouy, Norvins*, etc. Vingt volumes in-8°, ornés d'un très grand nombre de portraits. Prix................ 140 fr.

CHANSONS et Poésies diverses, par M. *A. Désaugiers*. Quatre vol. in-18, sixième édition (1827). Prix........ 16 fr.

CONTES MILITAIRES, par *Lombard de Langres*, cinquième édition, augmentée de huit contes inédits. Un volume in-18. Prix.. 4 fr.

Publiés pour la première fois en 1807, les contes militaires de M. Lombard de Langres ont fourni aux poètes et aux artistes des sujets de pièces de théâtres, de tableaux, de gravures et de bronzes.

Les réimpressions successives qui ont eu lieu étant épuisées depuis long-temps, nous avons cru pouvoir offrir au public une nouvelle édition augmentée de huit contes qui n'ont point encore paru.

CORRESPONDANCE DE J.-H. BERNARDIN DE SAINT-PIERRE. La première partie renferme 27 années de sa vie, précédée d'un supplément à l'Essai sur la vie de Bernardin de Saint-Pierre, par *Louis-Aimé Martin*. Quatre volumes in-8°... 28 fr.

COURS DE LITTÉRATURE Ancienne et Moderne, par *J.-F. La Harpe*, précédé d'une Notice sur sa vie et ses ouvrages, de Notes littéraires et historiques sur ce grand critique et le temps où il a vécu, par M. *Saint-Surin*. Seize volumes in-8°, ornés d'un portrait, nouvelle édition (1827-28). Prix... 90 fr.

DICTIONNAIRE UNIVERSEL DE LA LANGUE FRANÇAISE, avec prononciation figurée, par *C.-M. Gattel*; quatrième édition (1825). Deux volumes in-8°. Prix............ 24 fr.

DICTIONNAIRE PROVERBIAL satirique et burlesque, plus complet que ceux qui ont paru jusqu'à ce jour, par *A. Caillot*. Un volume in-12 (1826). Prix............................... 5 fr.

DISCOURS ET MÉLANGES LITTÉRAIRES, par *Villemain*, de l'Académie-Française. Trois volumes in-8°, imprimés par Firmin Didot, et ornés de portraits dessinés par Devéria, et gravés par MM. *Le Comte*, *Fauchery*, *Massol* et *Lefèvre* jeune, papier fin satiné. Prix............................... 27 fr.
— Les mêmes, six volumes in-18. Prix............................ 27 fr.

ÉCOLIER (l'), ou Raoul et Victor, par Mme *Guizot*, Ouvrage couronné en 1825, par l'Académie, comme le plus utile aux mœurs. Quatre volumes in-12............................... 15 fr.

HISTOIRE DE LA GUERRE DE LA PÉNINSULE SOUS NAPOLÉON, précédée d'un Tableau politique des puissances belligérantes, par le général *Foy*, publiée par madame la comtesse *Foy*. Quatre volumes in-8°, Prix............................ 26 fr.

HISTOIRE DE LA RÉVOLUTION FRANÇAISE, par

M. *Mignet*. Troisième édition. Deux volumes in-8º, imprimés sur papier fin par Firmin Didot. Prix...................... 14 fr.

HISTOIRE DE NAPOLÉON, d'après lui-même; publiée par *Léonard Gallois*. Un volume in-8º de 700 pages, avec deux beaux portraits, tracés aux époques mémorables de la revue du 18 brumaire an 8 et des adieux de Fontainebleau. Troisième édition, revue, corrigée et considérablement augmentée (1827). Prix:... 8 fr.

HISTOIRE DES DUCS DE BOURGOGNE, de la maison de Valois, 1364-1477; par M. *de Barante*. Quatrième édition. Treize volumes in-8º. Prix.................................. 84 fr.

ATLAS pour l'Histoire des ducs de Bourgogne, par M. *de Barante*, composé de vingt portraits et vingt-quatre plans de batailles, vues, cartes, dessinés et gravés par nos meilleurs artistes. Huit livraisons. Prix de chaque livraison........ 5 fr.

HISTOIRE MILITAIRE DES FRANÇAIS, PAR CAMPAGNES, depuis le commencement de la Révolution jusqu'à la fin du règne de Napoléon. Douze volumes in-8º. Prix de chaque volume.. 6 fr.
Douze volumes in-18. Prix de chaque................ 3 fr. 75 c.
Sept volumes sont en vente.

MADAME LA COMTESSE DE GENLIS. Mémoires inédits sur le dix-huitième Siècle et la Révolution française (1766-1826). Dix volumes in-8º, ornés de deux portraits de l'auteur et d'un *fac-simile*. Prix.. 70 fr.

MANUEL DE LA JEUNE FEMME, contenant tout ce qu'il est utile de savoir pour diriger avec ordre, agrément, économie, l'intérieur d'un ménage, par madame la comtesse *Clémence de G.* (Paris, 1827). Un volume in-18, orné d'une jolie gravure. Prix..... .... 3 fr. 50 c.

MÉMOIRES D'UNE CONTEMPORAINE, ou Souvenirs d'une femme sur les principaux personnages de la République, du Consulat et de l'Empire, troisième édition. Huit volumes in-8°. Prix... 56 fr.

MÉMOIRES SUR LA COUR D'ÉLISABETH, REINE D'ANGLETERRE, par *Lucy Aikin*, traduits de l'anglais par madame *Alexandrine Aragon*, avec des Notes sur le texte et une Notice sur Lucy Aikin, par *Albert Montemont*. Trois volumes in-8. Prix.................................... 18 fr.

ŒUVRES DE M. CASIMIR DELAVIGNE.

MESSÉNIENNES ET POÉSIES DIVERSES, dixième édition, augmentée de *Trois Messéniennes nouvelles*, du *Discours d'inauguration* de la salle de l'Odéon et de la salle du Hâvre, des *Troyennes*, *Cantates*, d'une *Imitation d'Euripide*, d'une *Épître à M. de Lamartine*, et de plusieurs pièces inédites; ornées de sept gravures en taille-douce, exécutées par MM. *Godefroy*, *Motet*, *Burdet*, *Lefèvre aîné* et *Touzer*, et de vingt vignettes gravées sur bois par *Thompson* et dessinées par *Devéria*. Un volume in-8, papier de Chine. Prix... 20 fr.

MESSÉNIENNES ET POÉSIES NOUVELLES. Deux volumes in-18, papier grand-raisin satiné, orné de trois gravures et de vignettes gravées sur bois par *Thompson*.............. 12 fr.

MESSÉNIENNES (sept). Un volume in-8°, (1827). Prix... 9 fr.
Les mêmes, un volume in-18, quatrième édition, ornées de vignettes. Prix.. 7 fr.

THÉATRE. Deux volumes in-8, ornés de vingt vignettes sur bois et de quatre gravures sur cuivre, imprimés comme la belle édition in-8° des *Messéniennes*...................... 24 fr.

Le même. Quatre volumes in-18, ornés de vingt gravures sur bois et de quatre vignettes sur cuivre, imprimés comme la belle édition des *Messéniennes* en deux volumes in-18.... Prix. 20 fr.

———◦———

OEUVRES CHOISIES ET INÉDITES D'ÉVARISTE PARNY, publiées sur les manuscrits autographes de l'auteur. Trois volumes in-18, grand raisin, ornés d'un portrait et de deux vignettes d'après Isabey et Devéria, augmentés d'une Notice par M. Tissot, et du Discours de réception à l'Académie, de M. Jouy, successeur de Parny. Prix............ 15 fr.

OEUVRES COMPLÈTES DE BERNARDIN DE SAINT-PIERRE, nouvelle édition, revue, corrigée et augmentée, par *L. Aimé Martin*. Douze volumes in-8, et quatre livraisons de figures. Prix....................... 72 fr.

OEUVRES COMPLÈTES DE BOILEAU, avec les notes de tous les commentateurs. Quatre volumes in-8, papier superfin d'Annonay satiné. Prix........................ 24 fr.

OEUVRES COMPLÈTES DE DUCIS, ornées d'un très beau portrait de l'auteur. Six volumes in-18, dont deux entièrement composés d'œuvres inédites. Prix.................... 15 fr.

OEUVRES COMPLÈTES DE J. RACINE, précédées d'une Notice littéraire, par M. *Tissot*, ornées d'un beau portrait gravé sur acier. Cinq volumes in-8, b........ 3 fr. 50 c. le volume.

OEUVRES COMPLÈTES DE LA FONTAINE. Six volumes in-8, ornés d'un beau portrait, avec les notes de tous les commentateurs et de notices historiques sur chaque ouvrage. Prix du volume sur papier fin satiné. Prix................ 33 fr.

OEUVRES COMPLÈTES DE LORD BYRON, quatrième

édition. Huit volumes in-8º, ornés de vingt-cinq vignettes. Prix.. 75 fr.

Les mêmes, édition précédée d'un Essai sur le génie et le caractère de Lord Byron. Vingt volumes in-18, papier vélin satiné. Elle paraîtra par livraisons de trois volumes de mois en mois. La première est en vente. Prix de chaque livraison............ 12 fr.

OEUVRES COMPLÈTES DE PIGAULT-LEBRUN. Vingt volumes in-8, ornés d'un beau portrait de l'auteur. Prix 160 fr.

OEUVRES COMPLÈTES ET INÉDITES DE MILLEVOYE. Quatre volumes in-8, papier fin satiné. Prix...... 24 fr.

POÉSIES, par madame *Amable Tastu;* deuxième édition, ornée de vignettes. Un volume in-18, grand raisin. Prix. 6 fr.

TABLEAU DE LA LITTÉRATURE AU XVIIIe SIÈCLE, par M. *de Barante*, pair de France; quatrième édition. Un volume in-8, imprimé sur papier superfin. Prix............... 7 fr.

DICTIONNAIRE HISTORIQUE DE TOUS LES MINISTRES, depuis la constitution de 1791 jusqu'à nos jours, publié par Léonard Gallois. Un gros vol. in-8. (1827)............9 fr.

LETTRES HISTORIQUES ET POLITIQUES SUR LE PORTUGAL, publiées par le même. In-8. (1827) .... 5 fr.

HISTOIRE ABRÉGÉE DE L'INQUISITION D'ESPAGNE, par le même. Un vol. in-18 (1828), dernière édition.. 3 fr. 50 c.

VOYAGE AUX ALPES ET EN ITALIE, par Albert Montemont, auteur des *Lettres sur l'Astronomie*, avec cartes et gravures. Trois vol. in-18 (1827).................................. 10 fr.

MÉDECINE SANS MÉDECIN, ou Manuel de santé, par Audin Rouvière, etc., etc. Dixième édition. Un fort vol. in-8., papier fin.. 6 fr.

HISTOIRE DE NAPOLÉON; par M. de Norvins. Quatre vol. in-8... 48 fr.

LES MILLE ET UNE NUITS, contes arabes, traduits en français, par Galland; nouvelle édition, revue sur les textes originaux et considérablement augmentée, par M. Destains; ornée de gravures, par MM. Robinson et Finden. Six vol. in-8. 45 fr.

CÉCILE, ou les Passions, par M. de Jouy. Cinq volumes in-12... 15 fr.

HISTOIRE CIVILE, PHYSIQUE ET MORALE DE PARIS, par Dulaure; troisième édition, revue et corrigée, par l'auteur. Vingt vol. in-12, avec gravures nouvelles. Prix........ 80 fr.

MÉMOIRES DE MICHEL OGINSKI sur la Pologne et les Polonais, depuis 1729 jusqu'à la fin de 1815. Deux volumes in-8.. 15 fr.

OEUVRES COMPLÈTES DE JEAN RACINE, avec des examens sur chaque pièce, précédées de sa vie et de son éloge, par La Harpe. Cinq vol. in-8. Prix................... 17 fr. 50 c.

PROVERBES ET COMÉDIES posthumes de Carmontel, précédés d'une Notice par mad. la comtesse de Genlis. Trois vol. in-8. Prix.. 22 fr.

MANUSCRIT DE L'AN III (1794-1795), contenant les premières transactions des puissances de l'Europe avec la République française, par le baron Fain, alors secrétaire au comité militaire de la Convention, et depuis secrétaire-archiviste de Napoléon. Un vol. in-8... 7 fr.

MANUSCRIT DE MIL HUIT CENT DOUZE, contenant le précis des événemens de cette année, pour servir à l'histoire de l'empereur Napoléon, par le baron Fain, son secrétaire-archiviste à cette époque. Deux vol. in-8. Prix.................... 15 fr.

MANUSCRIT DE MIL HUIT CENT TREIZE, contenant le précis des événemens de cette année, pour servir à l'histoire de Napoléon, par le baron Fain, seconde édition. Deux vol. in-8. Prix.................... 15 fr.

HISTOIRE DE LA RÉGÉNÉRATION DE LA GRÈCE, par Pouqueville. Quatre vol. in-8., et cartes.................... 35 fr.

OEUVRES COMPLÈTES DE BEAUMARCHAIS, précédées d'une Notice historique et littéraire sur l'auteur, et ornées d'un beau portrait; nouvelle édition. Six volumes in-8., papier fin satiné.................... 36 fr.

SERMONS PANÉGYRIQUES ET ORAISONS FUNÈBRES, par M. l'abbé de Bonnevie, chanoine et vicaire général de Lyon, de Toulouse et de Limoges, suivis d'un Sermon inédit, par le P. Chapelain de la compagnie de Jésus. Deuxième édition. 24 fr.

LÉGISLATION CIVILE, COMMERCIALE ET CRIMI-NELLE DE LA FRANCE, par le baron Locré. Vingt-quatre vol. in-8., dont huit paraissent (1827). Chaque volume..... 9 fr.

JURISPRUDENCE DES CODES CRIMINELS, par Bourguignon. Trois vol. in-8. (1826).................... 24 fr.

TRAITÉ DU MARIAGE, DE LA PUISSANCE MARI-TALE ET DE LA PUISSANCE PATERNELLE, par M. F.-A. Vazeille, avocat à la Cour royale de Paris. Deux vol. in-8. (1826).................... 12 fr.

TRAITÉ DES PRESCRIPTIONS, suivant les nouveaux Codes français, par Vazeille. Un vol. in-8. (1824)... 7 fr. 50 c.

ESPRIT DU CODE DE COMMERCE, ou Commentaire puisé dans les procès-verbaux du conseil d'État, etc., par M. le baron Locré. Dix vol. in-8................................ 40 fr.

OEUVRES DE POTHIER. Vingt-six vol. in-8., beau papier, caractères neufs, et ornés du portrait de l'auteur, et d'une table générale. Paris, Didot aîné,......................... 90 fr.

OEUVRES DE MIRABEAU. Neuf forts vol. in-8., papier fin; édition revue par les soins de M. Mérilhou.............. 63 fr.

ESPRIT DE L'ENCYCLOPÉDIE, ou Recueil des articles les plus intéressans de l'Encyclopédie, mis en ordre par Hennequin. Quinze vol. in-8........................... 55 fr.

CUISINIER (l'Art du) PARISIEN, ou Manuel d'économie domestique, par Albert, ex-chef de cuisine du cardinal Fesch. Un vol. in-8., figures....................................... 6 fr.

HISTOIRE DE JEANNE D'ALBRET, reine de Navarre, mère de Henri IV, par mademoiselle de Vauvilliers. Trois gros volumes in-8., avec un beau portrait............................ 30 fr.

OEUVRES DE FÉNÉLON, précédées d'un Essai sur la personne et les écrits de Fénélon, et de son éloge, par Laharpe. Dix vol. in-12, avec portrait........................... 36 fr.

OEUVRES COMPLÈTES DE FLORIAN. Vingt-quatre vol. in-18, ornés de 24 grav................................ 20 fr.

OEUVRES COMPLÈTES DE M. PICARD, de l'Académie française. Dix vol. in-8................................ 60 fr.

OEUVRES COMPLÈTES DE M. Alex. DUVAL, de l'Académie française. Neuf vol. in-8.......................... 55 fr.

ABRÉGÉ DE L'HISTOIRE GÉNÉRALE DES VOYAGES, par J.-F. Laharpe; nouvelle édition, par M. Eyriès. Vingt-quatre vol. in-8., ornés de 24 gravures avec un bel atlas in-fol. (1825). Prix... 120 fr.

ABRÉGÉ DES VOYAGES MODERNES, depuis 1780 jusqu'à nos jours, par M. Eyriès, faisant suite aux Voyages de Laharpe. Quatorze vol. in-8., ornés de 14 gravures............ 80 fr.

MÉCANICIEN ANGLAIS (le), ou Description raisonnée de toutes les machines, mécaniques appliquées jusqu'à ce jour aux manufactures et aux arts industriels, par Nicholson, ingénieur, avec cent planches gravées. Quatre vol. in-8................. 40 fr.

MÉMOIRES de madame la marquise de Larochejacquelein. Un vol. in-8., à portraits... 7 fr.

ÉRASTE, ou l'Ami de la jeunesse, entretiens familiers sur les connaissances humaines, par l'abbé Filassier, nouvelle édition, considérablement augmentée, avec cartes, figures. Deux volumes in-8... 12 fr.

DICTIONNAIRE d'Éducation morale, de littérature, ou Choix de pensées ingénieuses et sublimes, de dissertations et définitions extraites des plus célèbres moralistes, par Capelle. Deux gros vol. in-8., papier fin................................... 12 fr.

MAITRE D'ANGLAIS (le), ou Grammaire raisonnée de la langue anglaise, à l'usage des Français, par Colbert. Paris. (1827).. 3 fr.

DICTIONNAIRE DE L'ACADÉMIE FRANÇAISE, revu, corrigé et augmenté par l'Académie elle-même, cinquième et dernière édition. Deux vol. in-4............................... 30 fr.

SUPPLÉMENT AU DICTIONNAIRE DE L'ACADÉMIE, ainsi qu'à la plupart des autres lexiques français. Un vol. in-4... 12 fr.

DICTIONNAIRE (nouveau) UNIVERSEL GEOGRAPHI-
QUE, par Maccarthy. Deux gros vol. in-8. Dernière édition,
orné de cartes. (1827)... 18 fr.

COURS COMPLET D'INSTRUCTION, à l'usage des jeunes
demoiselles, par Galland. Deuxième édition. Six vol. in-12. 24 fr.

ATLAS HISTORIQUE, chronologique et géographique, de
A. Lesage (comte de Las-Cases). Nouvelle édition. Un vol. in-
fol., cartonné à l'anglaise, avec les 4 cartes supl., papier
fin... 140 fr.

ESPRIT du Mémorial de Sainte-Hélène, par M. de Las-
Cases. Trois vol., ornés de son portrait........................ 12 fr.

VOCABULAIRE (nouveau) FRANÇAIS, où l'on a suivi
l'orthographe adoptée pour la prochaine édition du Dictionnaire
de l'Académie, par Wailly. Treizième édition. Un gros vol.
in-8., très beau.. 7 fr.

OEUVRES COMPLÈTES DE SIR WALTER-SCOTT, pré-
cédées d'une Notice historique et littéraire sur l'auteur et ses
écrits. Soixante-quinze vol. in-18, imprimés en caractères neufs
de la fonderie de Firmin Didot, sur papier Jésus vélin superfin
satiné, ornées de 75 gravures en taille douce. Prix........ 300 fr.

COLLECTION

Des Prosateurs Français.

OEUVRES COMPLÈTES DE BARTHÉLEMY. Quatre vol.
in-8, de 700 pages.. 32 fr
OEUVRES COMPLÈTES DE D'ALEMBERT. Cinq vol.
in-8, papier fin... 48 fr.

OEUVRES COMPLÈTES DE DIDEROT. Sept vol. in-8, de 6 à 700 pages, dont un de pièces inédites, papier fin (rare). 56 fr.

OEUVRES COMPLÈTES DE MARMONTEL. Sept vol. in-8. de 7 à 800 pages, papier fin.................... 56 fr.

OEUVRES COMPLÈTES DE LA BRUYÈRE, LAROCHE-FOUCAULD ET VAUVENARGUES. Un vol. in-8, de 900 p. (rare)... 15 fr.

OEUVRES COMPLÈTES DE MONTESQUIEU. Huit vol. papier fin.................................... 36 fr.

OEUVRES DE FONTENELLE, précédées d'une Notice historique sur sa vie et ses ouvrages, et ornées de son portrait. Cinq vol. in-8.............................. 30 fr.

OEUVRES COMPLÈTES DE DUCLOS. Trois vol. de 700 pages, papier fin.......................... 24 fr.

OEUVRES COMPLÈTES DE THOMAS. Deux vol. in-8. de 700 pages, papier fin...................... 16 fr.

OEUVRES COMPLÈTES D'HAMILTON, précédées d'une Notice sur sa vie et ses ouvrages, par M. Champagnae. Deux très gros vol. in-8., pap. fin satiné, ornés d'un beau portr. 15 fr.

(Cette collection se recommande particulièrement par la modicité des prix, par la correction du texte et par sa belle exécution.)

ENCYCLOPÉDIE PROGRESSIVE
DES SCIENCES ET DES ARTS.

En Vente :

MANUEL DE LA JEUNE MÈRE, ou Guide pour l'instruction physique et morale des enfans, par mad. Campan, surintendante d'Ecouen. Un vol. in-18. Prix. . . . . 3 fr.

Sous Presse,
POUR PARAÎTRE AU PREMIER JOUR.

MANUEL DU MAITRE D'ÉCOLE, ou Guide pour enseigner et apprendre à lire, à écrire et à calculer; publié sous les auspices de MM. les maires, curée et Pasteurs, par J.-G. Rossignol, bachelier ès-lettres. Un vol. in-18, orné de modèles d'écriture, d'une table de multiplication, etc. Prix. . . . . 3 fr.

NOUVEAU MANUEL D'ASTRONOMIE, ou Guide pour apprendre les élémens de cette science; ouvrage recueilli aux cours publics de l'Observatoire de Paris, par M. Bourgeois. Un vol. in-18, orné de planches.

NOUVEAU MANUEL D'ARITHMÉTIQUE, DE GÉOMÉTRIE, DE MÉCANIQUE ET DE DESSIN LINÉAIRE, ou Guide pour apprendre les élémens de ces sciences et arts; par M. Teyssèdre. Un vol. in-18, orné de planches.

MANUEL DE PHILOSOPHIE NATURELLE, ou Guide pour apprendre les élémens de physique, d'astronomie, etc., par M. Geoffroy. Un vol. in-18, orné de planches.

MANUEL DE GYMNASTIQUE, ou Guide pour apprendre à monter à cheval, à faire des armes, à nager, à danser, etc.; par une société d'artistes, et rédigé par M. Leblanc de Villeneuve. Un vol. in-18, avec planches.

ESQUISSES DE L'HISTOIRE DE FRANCE, par M. le baron S. Un vol. in-18.

ESQUISSES DE L'HISTOIRE D'ANGLETERRE, tirées de Hume et Lingard. Un vol. in-18; par M. Weiss.

MANUEL DE LA JEUNE FILLE DU

PEUPLE, ou Guide pour apprendre à coudre,
à blanchir, à repasser, à faire le ménage et une
cuisine bourgeoise; par mademoiselle Victoire.
Un vol. in-18.

NOTIONS ÉLÉMENTAIRES, sur la Justice,
le Droit et les Lois, par M. Dupin. Un vol.
in-18.

PARIS, IMPRIMERIE ET FONDERIE DE J. PINARD,
RUE D'ANJOU-DAUPHINE, N° 8.